Josef Viehhauser

meine feine Küche

Josef Viehhauser

meine feine Küche

Die 400 besten Rezepte und Variationen

Mit Beiträgen von Christoph Wagner

Josef Viehhauser, meine feine Küche

Die 400 besten Rezepte und Variationen
Mit Beiträgen von Christoph Wagner

Bildnachweis:
Alle Fotos inklusive Umschlagfotos: Walter Cimbal, Hamburg

Umwelthinweis
Dieses Buch und der Schutzumschlag wurden auf chlorfrei gebleichtem Papier gedruckt.
Die Einschrumpffolie – zum Schutz vor Verschmutzung –
ist aus umweltfreundlichem und recyclingfähigem PE-Material.

Ungekürzte Lizenzausgabe der RM Buch und Medien Bertrieb GmbH
und der angeschlossenen Buchgemeinschaften

Redaktionsleitung: Halina Heitz
Redaktion: Dr. Maria Seifert, Wien
Buchgestaltung: Paxmann/Teutsch Buchprojekte, München
Einbandgestaltung: Roland Huwendiek
Einbandfotos:
Reproduktionen: Lorenz & Zeller, Inning a. A.
Druck und Bindung: Egedsa, Barcelona
Printed in Spain 2000

Buch-Nr. 07202 7

Inhalt

LABSKAUS, TORTEN UND MODULE

JOSEF VIEHHAUSER ZIEHT IM GESAMTKUNSTWERK DER GASTRONOMISCHEN WELT GERNE DIE FÄDEN.

Josef Viehhauser steuert sein gastronomisches Imperium, dem fünf Betriebe in Hamburg und zwei in Berlin angehören, wie ein Kapitän. Tatsächlich sieht das Restaurant »Le Canard« im Hamburger Nobelvorort Blankenese auch wie die Brücke eines Ozeanriesen aus. Es liegt mit Elbblick hoch über dem Containerhafen, dessen funkelndes Lichtermeer nachts für eine wahrlich weltstädtische Kulisse sorgt.

IM COCKPIT DER FEINEN KÜCHE.

Das Lokal selbst hat die Form einer verglasten Rotunde und ist um eine hervorragend sortierte Bar angelegt, die Viehhauser auch als Kommunikationszentrum zwischen Gast und Küche nützt. Zu seinen »Geheimnissen« zählt nämlich nicht nur eine von allen unnötigen Schnörkeln entschlackte Küchenlinie von selbstverständlicher Grandezza, sondern auch ein ebenso knorriger wie eloquenter Charme, dem Viehhauser freien Lauf lässt, vor allem dann, wenn es um große Küche und um große Weine – seine Spezialität sind alte Bordeaux – geht.

Charakteristisch für Viehhausers unverwechselbaren Kochstil sind nicht nur sein erfolgreiches Streben nach höchster handwerklicher Perfektion und sein von ernährungsphysiologischer »Correctness« geprägtes Produktverständnis, sondern auch sein Faible für Gerichte mit Hintersinn. Auf Traditionelles, wie das gute alte Hamburger Labskaus, greift er dabei ebenso zurück wie – zumal bei den Desserts – auf Österreichisches aus seiner Heimat. Geprägt hat Viehhauser, den der französische Gourmetpapst Christian Millau einmal als »einen der besten Köche der Welt« bezeichnete, vor allem auch die »Nouvelle Cuisine« der 70er und 80er Jahre, deren Leichtigkeit und Bekömmlichkeit Viehhauser, auch wenn sie längst nicht mehr so »nouvelle« wie einst ist, bis heute in Ehren hält.

KREATIVITÄT IST MEHR ALS NUR NACHKOCHEN.

Viehhauser, der in den letzten Jahren vor allem mit dem Aufbau des »Vau« und des »Restaurants im Presseclub« in Berlin beschäftigt war, hat in dieser Zeit »ganz nebenbei«, aber mit unendlich viel Akribie, wie es seine Art ist, die Grundlagen seines gastronomischen Schaffens in Worte und Rezepte gefasst. Für das vorliegende Kochbuch entwickelte er ein spezielles Modulsystem, das zahlreiche Grundrezepte für Marinaden, Saucen, Fonds, Teige und Massen in einer Fülle von Variationen abwandelt und dabei dem Leser selbst die Möglichkeit zu beliebig vielen weiteren Kombinationen lässt.

»Kreative Küche«, so ist Viehhauser überzeugt, »kann nicht nur im Nachkochen kreativer Rezepte bestehen. Ich kann die Leserinnen und Leser nur ermuntern, aufgrund der vorgegebenen Grundlagen einer feinen, leichten Küche ihre eigene kulinarische Phantasie zur vollen Entfaltung zu bringen.«

In diesem Sinn ist »Viehhausers feine Küche« sowohl ein Grundkochbuch für Fortgeschrittene als auch eine Einladung, zum Meisterkoch oder zur Meisterköchin »am eigenen Herd« zu werden.

Christoph Wagner

LE CANARD

LE CANARD

FEINE VORSPEISEN

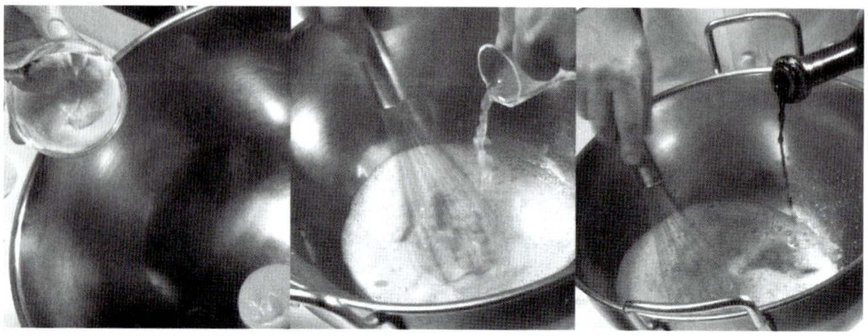

Es gehört nicht allzu viel prophetische Gabe dazu, um heute schon vorauszusagen, dass das 21. Jahrhundert, vielleicht sogar das ganze dritte Jahrtausend, eines der Vorspeisen sein wird. Die neuen Ernährungsgewohnheiten bringen es nun einmal mit sich, dass wir lieber mehrmals am Tag nach einem kleinen Happen greifen, als uns am Abend zu einem deftigen Mahl mit schwerer Hausmannskost zu setzen.

Verführerisch und aromatisch.
Die Zeiten, als die Vorspeisen-Phantasie der Deutschen nicht sehr weit über eine gute Suppe hinausreichte, sind damit vorbei. Die Inspirationen zu leichten, feinen Vorspeisen (die im Küchenalltag ruhig auch einmal die Metamorphose zum veritablen Hauptgericht vertragen) stammen vor allem aus dem Süden: von den italienischen Antipasti, den griechischen Mezes oder den spanischen Tapas. Gemeinsam ist ihnen eine gewisse Leichtigkeit des Seins, die wir heute – im Restaurant oder zu Hause – auch auf unseren Tafeln zu schätzen wissen. Duftigkeit und Aroma stehen dabei im Vordergrund. Mit einer leichten Vinaigrette oder einem verführerischen Pesto lässt sich aus einem einfachen Happen ebenso ein raffiniertes Gericht zaubern wie mit einer Prise Safran, ein paar Rahmgurken, der geschickten Ummantelung mit pochiertem Blattgemüse oder der Einbindung in feines Rieslinggelee.

Das Vorspeisenbufett in den eigenen vier Wänden.
Auf den folgenden Seiten erfahren Sie Schritt für Schritt, welche Vorbereitungsarbeiten und Grundtechniken nötig sind, um delikate, animierende Gerichte herzustellen, mit denen Sie nicht nur Ihre Gäste überraschen, sondern auch sich selbst für einen harten Arbeitstag belohnen können. Wie überall auf den folgenden Seiten gewährt Josef Viehhauser dabei Einblick in das Zauberkästlein seiner Küchentricks und verrät Rezepte für die feinsten Dressings, Marinaden, Farcen und Aufstriche, auf denen er dann – als hohe Schule der Vorspeisenkunst – seine köstlichen Terrinen, Mousssen, Sülzen und Parfaits aufbaut. Der Weg zum »kalten Vorspeisenbufett« in den eigenen vier Wänden steht damit allen Hausfrauen und Hobbyköchen offen – und das Ergebnis wird von jenem aus der »Meisterküche« mit etwas Glück und Routine kaum zu unterscheiden sein.

Die Hohe Schule des richtigen Dressings ist nur eine der vielen Grundlagen zeitgemässer Vorspeisenkunst.

»Viele feine Vorspeisen durchlaufen im modernen Küchenalltag die Metamorphose zu leichten, bekömmlichen Hauptgerichten.«

Grunddressing

Für 600 ml:
200 ml Heller Geflügelfond (einreduziert von 1/2 l, s. S. 62)
2 EL Dijon-Senf
5 EL Weißweinessig
Saft von 1/2 Limone
300 ml kaltgepresstes Olivenöl
Salz und Pfeffer aus der Mühle

Den kalten Geflügelfond mit Senf, Weißweinessig und Limonensaft mixen. Das Öl langsam einfließen lassen und so lange rühren, bis das Dressing bindet und leicht sämig wird. Mit Salz und Pfeffer abschmecken.

Nussdressing

Für 600 ml:
200 ml Heller Geflügelfond (einreduziert von 1/2 l, s. S. 62)
2 EL Dijon-Senf
5 EL Weißweinessig
Saft von 1/2 Limone
200 ml kaltgepresstes Olivenöl
100 ml Walnussöl
Salz und Pfeffer aus der Mühle

Wie nebenstehendes Grunddressing zubereiten, wobei beim abschließenden Abschmecken mit Salz und Pfeffer darauf zu achten ist, dass das feine Aroma des Walnussöls erhalten bleibt.

Balsamico-Dressing

Für 600 ml:
200 ml Heller Geflügelfond (einreduziert von 1/2 l, s. S. 62)
2 EL Dijon-Senf
5 EL Balsamico-Essig
Saft von 1/2 Limone
300 ml kaltgepresstes Olivenöl
Salz und Pfeffer aus der Mühle

Zuerst den Geflügelfond mit Senf, Balsamico-Essig und Limonensaft verrühren. Öl langsam dazugeben und alles zu sämiger Konsistenz schlagen. Mit Salz und Pfeffer abschmecken.

Buttermilch-Dressing

Für 450 ml:
250 g Buttermilch
2 EL Joghurt
Saft von 1 Limone
Salz und Pfeffer aus der Mühle
1/8 l kaltgepresstes Olivenöl
4 Basilikumblätter

Die Buttermilch mit Joghurt und Limonensaft glatt rühren. Mit Salz und Pfeffer würzen. Das Olivenöl langsam mithilfe eines Schneebesens einrühren. Zum Schluss die in feine Streifen geschnittenen Basilikumblätter untermengen.

»Overdressed« oder »Underdressed«?

Salat – das bedeutet ursprünglich schlicht: Eingesalzenes. Salz ist freilich heute längst nicht mehr die wichtigste Zutat beim Salatmachen, schon eher ist das die einfache Raffinesse von Essig & Öl. Das Geheimnis aller Dressings liegt jedoch in der richtigen Dosierung: Zu wenig davon macht den Salat zum farblosen Mauerblümchen, zu viel lässt ihn im wahrsten Sinn des Wortes »untergehen«. Stylen Sie Ihren Salat also am besten wie sich selbst: mit Augenmaß und Liebe zum Detail.

Sauce Mayonnaise

Für 600 g:
4 Eigelb
Saft von 1 Limone
1 EL Weißweinessig
1/2 EL Worcestershiresauce
1 EL mittelscharfer, nicht zu grobkörniger Senf
Salz und weißer Pfeffer aus der Mühle
1 Prise Zucker
1/2 l neutrales Öl

In einer Schüssel die Eigelbe mit Limonensaft, Weißweinessig, Worcestershiresauce, Senf, Salz und Pfeffer sowie Zucker gut verrühren. Öl unter kräftigem Rühren mit dem Schneebesen langsam einfließen lassen und so lange rühren, bis die Mayonnaise bindet.
Mein Tipp: Wenn Sie die Mayonnaise (etwa 250 g) mit 100 g Joghurt vermengen, so schmeckt sie weniger fett und deshalb leichter.

Mayonnaise mit rotem und gelbem Paprikapüree

1 mittelgroße rote Paprikaschote
1 mittelgroße gelbe Paprikaschote
1/4 l Wasser
1 Prise geriebene Muskatnuss
Salz und weißer Pfeffer aus der Mühle
300 g Sauce Mayonnaise (s. nebenstehendes Rezept)
1 Spritzer Zitronensaft

Die gewaschenen und geputzten Paprikaschoten in kleine Würfel schneiden. Jeweils 2 Esslöffel Paprikawürfel für die Einlage beiseite legen, den Rest in zwei verschiedene (!) Töpfe geben, kurz anschwitzen und mit je 1/8 l Wasser ablöschen. Mit Muskatnuss, Salz und weißem Pfeffer würzen und zugedeckt bei schwacher Hitze kochen lassen, bis die Flüssigkeit verdampft ist. Nun die Paprikamasse jeweils mit einem Stabmixer pürieren und durch ein Sieb streichen. Die Paprikapürees getrennt mit jeweils der Hälfte der Sauce Mayonnaise vermengen, die passenden Paprikawürfel unterrühren und mit Zitronensaft abschmecken.

Mayonnaise mit Curry

1/2 Apfel
etwas frischer Ingwer
180 g Sauce Mayonnaise (s. nebenstehendes Rezept)
2 EL Currypaste (s. S. 69)
1 Spritzer Zitronensaft
Salz und weißer Pfeffer aus der Mühle

Apfel schälen, entkernen und in sehr kleine Würfel, den Ingwer in feine Streifen schneiden. In einer Schüssel mit Sauce Mayonnaise, Currypaste sowie Zitronensaft verrühren und mit Salz und Pfeffer abschmecken.

Kräuter-Mayonnaise

180 g Sauce Mayonnaise (s. nebenstehendes Rezept)
2 EL Joghurt
je 2 EL gehackte Kräuter (Kerbel, Basilikum, Estragon, Petersilie, Schnittlauch)
1 Spritzer Zitronensaft
Salz und weißer Pfeffer aus der Mühle

In einer Schüssel die Sauce Mayonnaise mit Joghurt glatt rühren. Die gehackten Kräuter beimengen, mit Zitronensaft würzen und mit Salz und Pfeffer abschmecken.

Tomatisierte Mayonnaise

150 g Sauce Mayonnaise (s. nebenstehendes Rezept)
4 EL Tomatenconcassée
1 EL gehacktes Basilikum
1 EL Tomatenketchup
Salz und weißer Pfeffer aus der Mühle
1 Spritzer Zitronensaft
2 EL geschlagene Sahne

In einer Schüssel die Sauce Mayonnaise mit Tomatenconcassée, Basilikum und Ketchup verrühren, mit Salz, Pfeffer und Zitronensaft abschmecken und zum Schluss die Sahne unterheben.

»Eine Mayonnaise ist wie ein Flirt: charmant und voller Verheißungen.«

Hummer-Mayonnaise

250 g Sauce mayonnaise (s. nebenstehendes Rezept)
3 Esslöffel reduzierte Hummersauce (s. S. 77)
Fleisch von 2 gekochten Hummerscheren (ersatzweise Garnelen)

Die Sauce Mayonnaise in einer Schüssel mit der Hummersauce glatt rühren. Hummerfleisch in kleine Stücke oder Würfel schneiden und unter die Sauce mengen.

Safran-Mayonnaise

1 Msp. Safran
5 El Wasser
150 g Sauce Mayonnaise (s. nebenstehendes Rezept)
2 EL Gemüsebrühe
Salz und weißer Pfeffer aus der Mühle
1 Spritzer Zitronensaft

Die Safranfäden in dem Wasser kurz aufkochen und wieder abkühlen lassen. Safranwasser und die Sauce Mayonnaise passieren und unterrühren. Erkaltete Gemüsebrühe beigeben und mit Salz, Pfeffer und Zitronensaft abschmecken.
Mein Tipp: Diese fein aromatische Mayonnaise eignet sich, gemeinsam mit knusprigem Stangenbrot, besonders gut als Begleitung für Muscheln und Meeresfrüchte.

Avocado-Mayonnaise

1/2 Avocado
250 g Sauce Mayonnaise (s. nebenstehendes Rezept)
Salz und Pfeffer aus der Mühle

Die entkernte, halbe Avocado schälen, in zwei Hälften teilen, einen Teil mit dem Mixstab pürieren oder mit der Gabel fein zerdrücken und durch ein Sieb passieren. Restliche Avocado sehr rasch, damit sie sich nicht verfärbt, in kleine Würfel schneiden, mit der Sauce Mayonnaise vermengen und abschmecken.

Sardellen-Mayonnaise

3 EL Sardellenfilets
250 g Sauce Mayonnaise (s. nebenstehendes Rezept)

Sardellenfilets sehr fein zerdrücken und in einer Schüssel mit der Sauce Mayonnaise gut vermischen.

Viehhausers »Geheimtipp«: Mayonnaise mit Joghurt vermengen. Dann schmeckt sie weniger fett und ist dafür leichter.

1636: Geburt der Mayonnaise

Der Legende nach wurde die Mayonnaise vom Küchenmeister des Kardinal Richelieu nach der siegreichen Schlacht von Mahon (Menorca) erfunden. Aus dieser »Mahonnaise« wurde dann unsere »Mayonnaise«.

Vinaigrette (Grundrezept)

Für 4–6 Portionen:
2 EL kaltgepresstes Olivenöl
1 EL Traubenkernöl
1 TL Walnussöl
1 TL Sherryessig
1 TL Balsamico-Essig
1 EL gehackte Petersilie
1 EL Schnittlauchröllchen
4 EL Heller Geflügelfond (s. S. 62)
Saft von 1/4 Zitrone
Salz und Pfeffer aus der Mühle

Sämtliche Zutaten in einer Schüssel mithilfe eines Schneebesens gut verrühren. Mit Zitronensaft, Salz und frisch gemahlenem Pfeffer abschmecken.

Rote-Bete-Vinaigrette

Für 4–6 Portionen:
2 mittelgroße Knollen Rote Beten
Vinaigrette nach nebenstehendem Grundrezept
1/8 l Rote-Bete-Saft
Salz und Pfeffer aus der Mühle

Die Roten Beten kochen, mit einem scharfen Messer schälen und in kleine Würfel schneiden. Vorbereitete Vinaigrette mit Roten Beten abmengen, Rote-Bete-Saft zugießen und wieder gut durchmischen. Wenn nötig, nochmals abschmecken.

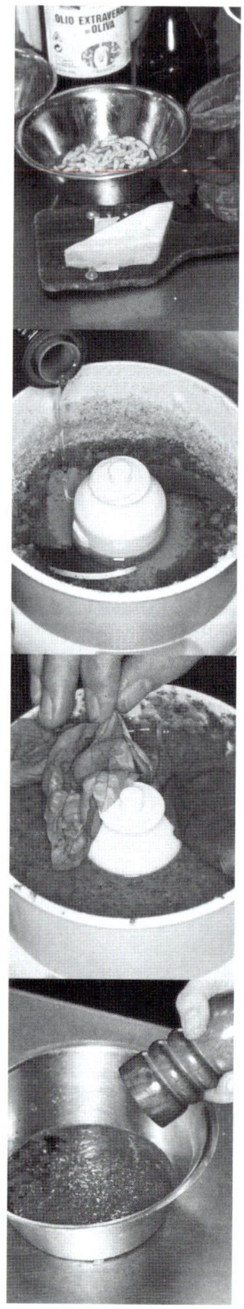

Um einen guten Pesto zu erhalten, muss man nicht in die nächsten »Alimentari« laufen: Er lässt sich auch ganz leicht selbst zubereiten.

Rotwein-Vinaigrette

Für 4–6 Portionen:
1/2 l Rotwein
150 ml stark reduzierter Dunkler Rehfond (s. S. 64)
2 EL Apfelessig
Salz und Zucker
150 ml kaltgepresstes Olivenöl

Den Rotwein in einem kleinen Topf aufkochen, auf die Hälfte reduzieren und danach wieder kalt werden lassen. Mit kaltem, reduziertem Rehfond und Apfelessig verrühren, mit Salz und Zucker würzig abschmecken und das Olivenöl dazurühren.

Safran-Vinaigrette

Für 4–6 Portionen:
4 EL Fisch-Geflügel-Fond
4 Safranfäden
1 TL fein geschnittene Möhrenwürfel
1 TL fein geschnittene Staudenselleriewürfel
Vinaigrette nach nebenstehendem Grundrezept

Fischfond aufkochen und Safranfäden darin kurz ziehen lassen, Fond erkalten lassen. Möhren- und Selleriewürfel kurz in heißem Salzwasser blanchieren, abgießen und auskühlen lassen. Gemeinsam mit dem Safranfond unter die Vinaigrette mischen und durchrühren.
Mein Tipp: Entscheiden Sie je nach Verwendung, welcher der beiden Fonds geschmacklich am besten zum geplanten Gericht passt.

Rote-Zwiebel-Vinaigrette

Für 4–6 Portionen:
1 kleine rote Zwiebel
etwas Wasser
Vinaigrette nach nebenstehendem Grundrezept
Salz und weißer Pfeffer aus der Mühle

Die Zwiebel schälen, in kleine Würfel schneiden und in wenig Wasser kurz blanchieren, damit die Zwiebelwürfel nicht zu scharf schmecken. In kaltem Wasser abschrecken und gut abtropfen lassen. In einer kleinen Schüssel mit der Vinaigrette vermengen und abschließend noch mit Salz und Pfeffer würzen.

Sellerie-Vinaigrette

Für 4–6 Portionen:
2 EL Staudenselleriewürfel
3 EL Knollenselleriewürfel
Vinaigrette nach nebenstehendem Grundrezept
100 ml Selleriefond (nach Geschmack)
Saft von 1 Zitrone
Salz und weißer Pfeffer aus der Mühle

Selleriewürfel kurz in Wasser blanchieren, in kaltem Wasser spülen, abtropfen lassen und unter die vorbereitete Vinaigrette mengen. Nach Geschmack etwas Selleriefond unterrühren, mit Zitronensaft, Salz und Pfeffer abschmecken.

Tomaten-Vinaigrette

Für 4–6 Portionen:
Vinaigrette nach nebenstehendem Grundrezept
4 EL Tomatenconcassée
100 ml Tomatenconsommé (s. S. 39)
Salz und weißer Pfeffer aus der Mühle

In einer geeigneten kleinen Schüssel die vorbereitete Vinaigrette mit dem Tomatenconcassée und der Tomatenconsommé gut vermengen. Mit Salz und frisch gemahlenem Pfeffer nach Geschmack würzen.
Mein Tipp: Mischt man etwas gehacktes Basilikum oder Kerbel unter die Tomatenvinaigrette, so erzielt man damit eine reizvolle, leicht mediterrane Geschmacksnote.

Kräuter-Vinaigrette

Für 4–6 Portionen:
1 EL Schalottenwürfel
2 EL gehackter Estragon
2 EL gehackte glatte Petersilie
2 EL Schnittlauchröllchen
2 EL Pesto (s. nebenstehendes Rezept)
Vinaigrette nach nebenstehendem Rezept
1 Spritzer Zitronensaft
Salz und weißer Pfeffer aus der Mühle

Die Schalottenwürfel kurz mit heißem Wasser übergießen (das mildert den scharfen Geschmack), mit kaltem Wasser abspülen, abgießen und danach gut abtropfen lassen. In einer kleinen Schüssel alle gehackten Kräuter gemeinsam mit dem Pesto unter die bereits vorbereitete Vinaigrette mengen. Mit Zitronensaft, Salz und Pfeffer abschmecken.
Mein Tipp: Diese Kräutervinaigrette kann natürlich auch durch andere Kräuter, wie etwa Kerbel oder Basilikum, geschmacklich variiert werden.

Pesto

Für 455 g:
50 g geröstete Pinienkerne
1/8 l kaltgepresstes Olivenöl
100 g Basilikumblätter
80 g Parmesan
Saft von 1/2 Zitrone
Salz und weißer Pfeffer aus der Mühle

Pinienkerne, Olivenöl, grob zerkleinerte Basilikumblätter, geriebenen Parmesan, Zitronensaft sowie Salz und frisch gemahlenen Pfeffer in einer Küchenmaschine (ersatzweise auch mit dem Mixstab) fein pürieren.
Mein Tipp: Der fertige Pesto kann in gut verschlossenen Gläsern im Kühlschrank auch über längere Zeit problemlos gelagert werden.

Aromaten zum Sammeln

Es muss nicht immer nur Olivenöl und Balsamico sein. Der Markt bietet heute eine wahre Fülle an edlen Ölen (Traubenkern, Kürbiskern, Raps, Distel, Sesam etc.) und ebensolchen Essigen (Apfel-Balsamico, Himbeere, Pfirsich, Sherry, Trockenbeerenauslese etc.) an.
Unser Tipp: Legen Sie sich davon einen kleinen Vorrat an und experimentieren Sie selbst mit Aromen und Geschmäckern.

»Das berühmte Carpaccio-Rot darf ausnahmsweise ruhig auch einmal von Roter Bete stammen.«

Rote-Bete-Carpaccio mit Parmesan

Für 4–6 Portionen:
4 mittelgroße Knollen Rote Beten
Salz
1 TL Kümmel
Rote-Bete-Vinaigrette nach Rezept, aber ohne Rote-Bete-Würfel (s. S. 14)
100 g Feldsalat
100 g mittelalter Parmesan im Stück
weißer Pfeffer aus der Mühle

Rote Beten waschen, in einem Topf mit kaltem Wasser zustellen, mit Salz und Kümmel würzen und weich kochen. Rote Beten herausheben, in kaltem Wasser abschrecken, schälen und in dünne Scheiben schneiden. Die Scheiben vorsichtig in eine flache Schüssel legen und 20 Minuten in der Vinaigrette marinieren. Inzwischen Feldsalat putzen, waschen und trockentupfen. Rote Beten aus der Marinade heben, auf Teller verteilen, den Feldsalat auf das Carpaccio setzen, mit Vinaigrette beträufeln. Parmesan mit Käsehobel (oder einem sehr scharfen Messer) über das Carpaccio hobeln und abschließend mit frisch gemahlenem Pfeffer bestreuen.

Vielseitige Bete
Die Rote Bete ist nicht nur ein ausgezeichnetes Salatgemüse, sondern eignet sich, wenn man sie zum Beispiel in kleine Würfel schneidet, auch hervorragend zum Dekorieren von Speisen und Saucengerichten, die vor dem Servieren noch etwas »Farbe brauchen«.

Gurken-Carpaccio mit Steinpilzen

Für 4–6 Portionen:
2 Salatgurken
Kräutervinaigrette nach Rezept (s. S. 15)
10 kleine Steinpilze
1 Bund Frühlingszwiebeln
2 EL Olivenöl
Salz und weißer Pfeffer aus der Mühle

Gurken schälen, in dünne, gleichmäßige Scheiben schneiden, in eine Schüssel geben und mit Kräutervinaigrette marinieren. Steinpilze mit einem Gemüsemesser sauber putzen, ebenfalls in Scheiben schneiden. Frühlingszwiebeln waschen, putzen und in feine Ringe schneiden. In einer passenden Pfanne Olivenöl erhitzen, zuerst Zwiebelringe anschwitzen, dann Steinpilze zugeben und kurz mitbraten. Alles mit Salz und Pfeffer würzen. Gurkenscheiben jeweils auf einem Teller anrichten, die Steinpilze in die Mitte platzieren und mit etwas Kräutervinaigrette beträufeln.

Fenchel-Sellerie-Salat mit Orangenfilets

Für 4–6 Portionen:
2 Knollen Fenchel
1/2 Knollensellerie
1 Staudensellerie
3 Orangen
100 g Feldsalat
Kerbelblätter als Garnitur
Safranvinaigrette nach Rezept (s. S. 14)
Salz und weißer Pfeffer aus der Mühle

Fenchel putzen, waschen, halbieren, den Stielansatz entfernen und in feine Streifen schneiden. Mit dem Sellerie genauso verfahren. Die Orangen schälen, in Filets teilen und diese nach Bedarf enthäuten. Fenchel, Sellerie, Orangenfilets, den geputzten und gewaschenen Feldsalat und die Kerbelblätter mit Safranvinaigrette marinieren, kurz durchmischen und vor dem Servieren noch nach Geschmack mit Salz und Pfeffer nachwürzen.

Mein Tipp: Dieser Salat lässt sich durch das Hinzufügen von beliebigen exotischen Früchten (Mango, Litschi, Ananas) und Currymayonnaise (s. S. 12) abwechslungsreich variieren.

Rote-Bete-Salat

Für 4–6 Portionen:
1 kg Rote Beten
1 TL Kümmel
Salz
Rote-Bete-Vinaigrette nach Rezept, aber ohne Rote-Bete-Würfel (s. S. 14)
circa 3 EL frischer Meerrettich
weißer Pfeffer aus der Mühle

Rote Beten waschen und mit Kümmel in Salzwasser weich kochen, abseihen, in kaltem Wasser spülen und schälen. Rote Beten in dünne Scheiben oder Würfel schneiden und in der Vinaigrette ungefähr 2 Stunden marinieren. Kurz vor dem Anrichten Meerrettich schälen, reiben, mit den Roten Beten vermengen und mit Salz und Pfeffer abschmecken.

Schwarzwurzelsalat

Für 4 Portionen:
500 g Schwarzwurzeln
1 Spritzer Zitronensaft
Salz
100 ml Heller Geflügelfond (s. S. 62)
1 EL Apfelessig
4–5 EL Kürbiskernöl
Pfeffer aus der Mühle
1 Bund glatte Petersilie

Die Schwarzwurzeln schälen, Wasser mit Zitronensaft und 1 Prise Salz aromatisieren und Schwarzwurzeln darin weich kochen. Herausheben und auskühlen lassen. Geflügelfond mit Essig in einer Schüssel vermengen und Kürbiskernöl mit einem Schneebesen kräftig einrühren. Mit Salz und Pfeffer abschmecken. Die Schwarzwurzeln in Scheiben schneiden, gewaschene Petersilie abzupfen, hacken und beides unter das Dressing mengen, kurz marinieren lassen.

Zuckerschotensalat

Für 4–6 Portionen:
500 g Zuckerschoten
Salz
1 Möhre
3 EL Grunddressing (s. S. 11)

Die Zuckerschoten von den Fäden befreien, in kochendem Salzwasser bissfest blanchieren, mit kaltem Wasser nur kurz abschrecken, abtropfen lassen. Inzwischen die Möhre schälen, in kleine Würfel schneiden und ebenfalls kurz blanchieren, abschrecken. Die noch lauwarmen Zuckerschoten der Länge nach schräg halbieren, in einer Schüssel gemeinsam mit den Möhren im Grunddressing kurz ziehen lassen und anrichten.

Tomatensalat mit Kürbiskernöl

Für 4–6 Portionen:
8 Tomaten
Salz für das Wasser
5 Schalotten
1/4 l Vinaigrette (s. S. 15)
2 EL Schnittlauchröllchen
4 EL steirisches Kürbiskernöl

Die Tomatenhaut kreuzweise einschneiden, den Stielansatz entfernen und Tomaten kurz (etwa 3 Sekunden) in kochendes Salzwasser geben. Anschließend in Eiswasser abschrecken und die Haut abziehen. Nun die Tomaten in Scheiben schneiden und in ein passendes Geschirr ordnen. Die Schalotten schälen, in feine Würfel schneiden, über die Tomaten streuen und alles mit Vinaigrette beträufeln. Mit Schnittlauchröllchen garnieren und mit Kernöl vollenden.

Gurkensalat

Für 4–6 Portionen:
2–3 Salatgurken
Salz
3 EL Weißweinessig
4 EL Pflanzenöl
weißer Pfeffer aus der Mühle

Die Gurken schälen, in feine Scheiben hobeln, mit Salz bestreuen und etwa 15 Minuten ziehen lassen. Inzwischen Essig, Öl, Pfeffer und eine Prise Salz zu einem Dressing verrühren. Gurken mit dem Dressing vermengen und abschließend nochmals abschmecken.
Mein Tipp: Für Rahmgurkensalat drückt man die Gurken nach dem Marinieren gut aus und vermengt sie mit etwa 125 g saurer Sahne. Durch die Verwendung von Kürbiskernöl schmeckt dieser Salat noch raffinierter.

Spargelsalat

Für 4–6 Portionen:
15 Stangen weißer Spargel
15 Stangen grüner Spargel
1 TL Zucker
Saft von 1 Zitrone
Salz
Kräutervinaigrette nach Rezept (s. S. 15)

Weißen Spargel vorsichtig schälen, die holzigen Enden entfernen, beim grünen Spargel nur die Enden abschneiden, gegebenenfalls das letzte Drittel jeder Stange wegschneiden. Zuerst den meist dickeren weißen Spargel in mit Zucker und Zitronensaft vermengtem Salzwasser – je nach Stärke zwischen 15 und 25 Minuten – weich kochen, anschließend den grünen Spargel (nur wenige Minuten) kochen. Spargel herausheben, in kaltem Wasser abschrecken, etwas von dem Spargelsud abgießen und unter die Vinaigrette mengen. Den inzwischen erkalteten Spargel in etwa 2 cm lange Stücke schneiden und in der Vinaigrette marinieren.

Mein Tipp: Dieser Spargelsalat lässt sich optimal auf verschiedene Weise variieren, sei es nun als vegetarisches Gericht mit gekochtem, gehacktem Ei und mit Blattsalaten garniert oder als leckere Vorspeise in Begleitung von pochiertem Bries, Wachtel, Kaninchen oder Fisch.

Kartoffelsalat

Für 4–6 Portionen:
500 g fest kochende Kartoffeln (Kipfler oder Sieglinde)
Salz
1/4 l Consommé ersatzweise Fleischbrühe (s. S. 42),
3 Schalotten
weißer Pfeffer aus der Mühle
3 EL Tafelessig (10 %)
6 EL nicht zu kräftiges Olivenöl
1 Bund Frühlingszwiebeln
1 Bund Schnittlauch

Kartoffeln mit der Schale in Salzwasser weich kochen. Inzwischen für die Marinade die Consommé aufkochen, mit den kleinwürfelig geschnittenen Schalotten, Salz, Pfeffer, Essig und Olivenöl vermengen.
Die fertig gekochten Kartoffeln noch heiß schälen, in feine Scheiben schneiden und sofort in die warme Marinade geben. Vorsichtig durchmengen und zugedeckt 1 Stunde ziehen lassen. Währenddessen ab und an vorsichtig durchrühren, damit der Salat eine sämige Bindung erhält. Frühlingszwiebeln in feine Ringe, Schnittlauch in Röllchen schneiden und über den Salat streuen.

Mein Tipp: Am besten schmeckt der Kartoffelsalat, wenn er noch lauwarm ist. Wird der Salat nicht sofort verwendet, Schnittlauch und Zwiebeln erst kurz vor dem Servieren zugeben. Für Kartoffel-Mayonnaise-Salat wird der fertige Salat mit 5 bis 6 Esslöffel Mayonnaise (s. S. 12) vermengt.

Der erste deutsche Kartoffelsalat …

wurde 1664 nach dem »Berliner Hofküchenbuch« zubereitet, indem man die Kartoffeln zuerst im Wasser mürbe sott, sie dann erkalten ließ, schälte, mit Wein begoss, mit Butter, Salz, Muskatblumen und Gewürzen erneut aufkochte und mit Hühner-, Rind- und Kälberbrühe aufgoss.

Löwenzahnsalat mit Brunnenkresse-Pesto und Wachteleiern

Für 4–6 Portionen:
400 g Löwenzahnblätter
1 Bund Brunnenkresse für den Pesto
Pesto nach Rezept (s. S. 15), aber mit Brunnenkresse statt Basilikum
8–12 rohe Wachteleier
Kräutervinaigrette nach Rezept (s. S. 15)
1 Schalotte
Selleriesalz
2 Tomaten
1 TL frischer, gehackter Kerbel

Den Salat putzen, waschen, abtropfen lassen. Den Pesto zubereiten, wobei statt Basilikum Brunnenkresse verwendet wird. Wachteleier mit der Schale in siedendem Wasser etwa $1^1/_2$ Minuten kochen, kalt abschrecken, schälen und halbieren. Der Vinaigrette die geschälte und gehackte Schalotte beigeben und den Salat darin marinieren. Wieder herausheben und auf Teller verteilen, in die Mitte den Pesto geben und die mit Selleriesalz gewürzten Wachteleierhälften darauf gruppieren. Die blanchierte und geschälte Tomate in Würfel schneiden und anschwitzen. Die Tomatenwürfel in der restlichen Vinaigrette marinieren, über den Salat verteilen und mit gehacktem Kerbel garnieren.

Caesar's Salad

Für 4 Portionen:
4 Scheiben Weißbrot
8 EL Olivenöl
2 Kopf Römischer Kopfsalat
5 Sardellenfilets
1 Spritzer Worcestershiresauce
2 EL Rotweinessig
Salz und Pfeffer aus der Mühle
1 Prise Senfpulver
1 Ei
Saft von 1 Limone
100 g Parmesan am Stück

Das Weißbrot in kleine Würfel schneiden, in einer Pfanne mit 3 Esslöffel Olivenöl goldbraun rösten, beiseite stellen. Salat putzen, waschen, trockenschleudern und Blätter in mundgerechte Stücke zupfen. Sardellenfilets waschen, klein schneiden und unter den Salat mischen. Das restliche Olivenöl mit Worcestershiresauce, Essig, Salz, Pfeffer und Senfpulver verrühren und über den Salat gießen. Das Ei wachsweich kochen, vorsichtig schälen, klein hacken und über den Salat verteilen, mit Limonensaft beträufeln. Den Salat gut durchmischen und portionsweise auf Tellern anrichten. Die Weißbrot-Croûtons darüber streuen und den Parmesan darüber hobeln.

Salat mit Steinpilzen und gebratener Seezunge

Für 4 Portionen:
2 ganze Seezungen (ersatzweise 4 Seezungenfilets)
500 g Steinpilze
3 Schalotten
Butter zum Anschwitzen
Salz und Pfeffer aus der Mühle
1 Spritzer Zitronensaft
Tomatenvinaigrette nach Rezept (s. S. 15)
50 g geklärte Butter

Für die Garnitur:
gemischte Salate (Portulak, Rucola, Löwenzahn)

Seezungen jeweils filieren und die Filets gleichmäßig parieren. Die geputzten Steinpilze in Scheiben schneiden, die geschälten Schalotten in kleine Würfel schneiden. Schalotten in einer Pfanne in etwas Butter anschwitzen, dann Steinpilze dazugeben, kurz andünsten und mit Salz, Pfeffer und Zitronensaft abschmecken. Vom Feuer nehmen, auf vier Tellern anrichten und Tomatenvinaigrette darauf verteilen. Die Seezungenfilets in geklärter Butter braten, leicht salzen und auf den Steinpilzen dekorativ anrichten. Mit den Salaten nach Wunsch garnieren.

Marinierte Krebse mit Pfifferlingen und Salaten

Für 4 Portionen:
1 Flasche Pilsener Bier
1 Msp. Kümmel
Cayennepfeffer
1 Bund Bouquet garni
24 Krebse, à 60–80 g
300 ml von dem entstandenen Krebsfond
2 TL Champagneressig (ersatzweise anderer guter Weißweinessig)
100 ml kaltgepresstes Olivenöl
Salz und Pfeffer aus der Mühle
4 Frühlingszwiebeln
200 g Pfifferlinge, Klasse 1a
Butter zum Braten
2 Kopf Eichblattsalat

Einen großen Topf (am besten 15 l) mit Wasser, Bier, Kümmel, Cayennepfeffer und Suppengemüse aufsetzen, zum Kochen bringen und etwa 5 Minuten kochen lassen, Gemüse und Kräuter herausnehmen. Krebse in das kochende Wasser geben, zugedeckt etwa 5 Minuten ziehen lassen, wieder herausnehmen und

in kaltem Wasser auskühlen lassen. Von dem Krebsfond etwa 300 ml entnehmen und durch ein Haarsieb passieren, kalte Krebse aus der Schale brechen. Fond mit Essig und Olivenöl gut verrühren, mit Salz und Pfeffer abschmecken und die Krebse darin marinieren. Zwiebeln schälen und in feine Scheiben schneiden, Pfifferlinge putzen, eventuell in mundgerechte Stücke teilen. Beides in Butter scharf anbraten und mit Salz und Pfeffer würzen. Eichblattsalat waschen, in feine Blätter zupfen und mit etwas von dem Krebsfond marinieren. In der Mitte des Tellers mit dem Salat ein Bouquet formen, die Pfifferlinge darum verteilen. Krebse im verbliebenen Krebsfond leicht erwärmen, lauwarm auf den Salat setzen und mit dem Fond nappieren.

Marinierter Seeteufel mit Trompetenpilzen

Für 4 Portionen:
250 g Seeteufelfilet
Salz und Pfeffer aus der Mühle
Olivenöl für die Marinade und zum Braten
1 Spritzer Zitronensaft
100 g Trompetenpilze

Seeteufelfilets waschen, trockentupfen, in 1 bis 2 Millimeter dünne Scheiben schneiden und mit Salz und Pfeffer würzen. Etwas Olivenöl und Zitronensaft miteinander zu einer Marinade vermengen, Seeteufel einlegen und etwa 1 Stunde im Kühlschrank ziehen lassen. Die geputzten Trompetenpilze kurz in einer Pfanne mit Olivenöl anschwitzen, mit Salz und Pfeffer würzen. Seeteufelfilets aus der Marinade heben, abtropfen lassen und auf vier Tellern anrichten. Etwas von der restlichen Marinade mit den Trompetenpilzen vermengen und die Filets damit dekorieren.

Nudelsalat

Für 4–6 Portionen:
300 g Gelber Nudelgrundteig nach Rezept (s. S. 93)
Salz
ca. 4 EL Olivenöl
1 grüne Paprikaschote
1 Zucchini
100 g Erbsen
weißer Pfeffer aus der Mühle
150 g gekochter Schinken
6 eingelegte Artischockenböden
2 Tomaten
3 EL saure Sahne
4–6 EL Mayonnaise (s. S. 12)
1 Bund Schnittlauch

Die Nudeln in reichlich Salzwasser bissfest kochen, abseihen und mit kaltem Wasser abschrecken. Mit 2 Esslöffel Olivenöl vermischen, damit sie nicht kleben. Paprikaschote waschen, halbieren, Kerngehäuse entfernen, schälen und Schote in kleine Würfel schneiden. Die Zucchini waschen, halbieren und in Scheiben schneiden, in einer Pfanne in dem restlichen Olivenöl anschwitzen, Erbsen und gewürfelte Tomaten kurz mitdünsten, salzen und pfeffern. Schinken in feine Streifen schneiden, Artischockenböden abtropfen und in Würfel schneiden. Nun alle Zutaten mit den Nudeln vermischen, saure Sahne und Mayonnaise einmengen, mit Salz und Pfeffer abschmecken und mit Schnittlauchröllchen bestreuen.

Mein Tipp: Nudelsalate lassen sich beliebig einfallsreich abwandeln, etwa mit Pilzen, Muscheln, Schalentieren, gebratenen Fischen oder Geflügel, wobei die Nudeln durchaus auch einmal grün sein können.

»Salat ist die Hochzeit von Essig und Öl.«

Marinierter Thunfisch mit Eiskrautsalat

Für 4 Portionen:
200 g Thunfischfilet
Saft von 1 Limone
100 ml kaltgepresstes Olivenöl
Salz und Pfeffer aus der Mühle
2 Bund Eiskrautsalat
Tomatenvinaigrette nach Rezept (s. S. 15)

Das Thunfischfilet halbieren, in vier Scheiben zu je etwa 50 g schneiden und zwischen Folie hauchdünn plattieren. Jede Scheibe auf einem Teller anrichten. Limonensaft und Olivenöl zu einer Marinade verrühren und diese mit einem Pinsel großzügig auf den Thunfisch auftragen. Mit Salz und frisch gemahlenem Pfeffer würzen. Den geputzten Salat mit der Tomatenvinaigrette marinieren und auf dem Thunfisch dekorativ anrichten.
Mein Tipp: Je nach Saison kann der Eiskrautsalat natürlich durch jeden anderen schmackhaften Blattsalat ersetzt werden.

Marinierter Hummer mit Kartoffelsalat

Für 4 Portionen:
2 (wenn möglich) europäische Hummer, à 600–700 g
Kartoffelsalat nach Rezept (s. S. 19)

In einem möglichst großen Topf genügend Wasser zum Kochen bringen, Hummer einlegen und einmal aufkochen lassen. Den Topf vom Herd nehmen und etwa 8 bis 10 Minuten ziehen lassen, Hummer herausnehmen und mit eiskaltem Wasser abschrecken. Ausbrechen, den Darm entfernen und das Schwanzfleisch in Medaillons schneiden. Die Scheren ebenfalls ausbrechen, das Scherenfleisch jedoch ganz lassen. Die Hummermedaillons und das Scherenfleisch zusammen mit dem Kartoffelsalat anrichten.

Mein Tipp: Wenn es Ihre Brieftasche irgendwie erlaubt, verwenden Sie europäischen statt kanadischen Hummer – er ist zwar wesentlich teurer, aber auch wesentlich besser. Wenn tatsächlich einmal etwas Hummer übrig bleiben sollte, nicht im Kühlschrank lagern, weil dadurch zu viel an Geschmack verloren geht.

Salat mit Zucchini und Auberginen-Piccata

Für 4 Portionen:
3 Eigelb
1 Ei
100 g frischer Parmesan
Salz und Pfeffer aus der Mühle
Saft von 1 Limone
je 1 rote und gelbe Paprikaschote
Kräutervinaigrette nach Rezept (s. S. 15)
Salate der Saison
2 Zucchini
2 Auberginen
200 g Butterschmalz zum Backen

Zuerst für die Piccatamasse das Eigelb mit dem ganzen Ei in einer Schüssel verrühren, geriebenen Parmesan einmengen und mit Salz, Pfeffer und etwas Limonensaft würzen. Die Paprikaschoten waschen, Stiel entfernen, entkernen, schälen und in feine Würfel schneiden. Paprikawürfel mit etwas Vinaigrette marinieren und auf vier Teller großflächig verteilen. Den geputzten Salat ebenfalls mit Kräutervinaigrette marinieren und in der Mitte des Tellers anrichten. Gewaschene Zucchini und Auberginen in nicht zu dicke Scheiben schneiden, mit Salz, Pfeffer und Limonensaft würzen. Durch die vorbereitete Masse ziehen und in heißem Fett von beiden Seiten etwa 2 Minuten goldgelb ausbacken, aus der Pfanne nehmen und das Fett mit Küchenpapier abtupfen. Rund um den Salat anrichten und sofort servieren.

Salat mit Jakobsmuscheln

Für 4 Portionen:
20 Jakobsmuscheln
250 g gemischter Salat
Grunddressing nach Rezept (s. S. 11)
Salz und Pfeffer aus der Mühle
geklärte Butter zum Anbraten

Die Jakobsmuscheln waschen, säubern und halbieren. Den geputzten Salat mit dem Dressing marinieren und in der Tellermitte anrichten. Jakobsmuschelhälften mit Salz und Pfeffer würzen. Geklärte Butter in einer Pfanne erhitzen, die Muscheln darin von beiden Seiten sehr kurz, damit sie nicht zäh werden, anbraten. Dann die Muscheln um den Salat herum anrichten.

Spargelsalat mit sautierter Lammleber und Lammherzen

Für 4 Portionen:
16 Stangen gekochter grüner Spargel
100 g Feldsalat
Rote-Zwiebel-Vinaigrette nach Rezept (s. S. 15)
100 g Parmaschinken
100 g Schwarzbrot
5 EL Butterschmalz
200 g Lammleber
200 g Lammherzen
Salz und Pfeffer aus der Mühle
6–8 EL Lammgrundsauce (s. S. 70)

Den gekochten Spargel und den geputzten, gewaschenen Feldsalat mit Zwiebelvinaigrette marinieren, Spargel in Form eines Fächers auf je einem Teller anrichten, Feldsalat in die Mitte des Tellers setzen. Parmaschinken und Schwarzbrot würfeln und in etwa 1 Esslöffel Butterschmalz kross (sehr knusprig) braten. Die Würfel herausnehmen und auf den Salat streuen. Nochmals etwas Butterschmalz erhitzen. Lammleber und Herzen darin rosa braten, mit Salz und Pfeffer würzen und in Scheiben schneiden. Lammstücke möglichst dekorativ drapieren und mit wenig Lammsauce nappieren.

Muschel-Carpaccio

Besonders gut munden frische Jakobsmuscheln auch, wenn man sie roh in hauchdünne Scheiben schneidet, nach Art eines Carpaccios auflegt und mit etwas Olivenöl, geschrotetem Meersalz und einem Spritzer Limettensaft serviert.

Frittierte Langustinen mit Rahmgurkensalat und Pesto

Für 5 Portionen:
20 Langustinen
Salz und Pfeffer aus der Mühle
1 Spritzer Limonensaft
2 Kartoffeln
Fett zum Frittieren
Rahmgurkensalat nach Rezept (s. S. 18, Tipp)
Pesto nach Rezept (s. S. 15)

Langustinen ausbrechen, den hinteren Teil herausnehmen und den Darm entfernen. Mit Salz, frisch gemahlenem Pfeffer und Limonensaft würzen. Kartoffeln schälen und mit der Maschine feine Fäden drehen. In diese Fäden die Langustinen einwickeln und in 180 °C heißem Fett goldbraun ausbacken. Gemeinsam mit Rahmgurkensalat und Pesto optisch ansprechend anrichten.
Mein Tipp: Wenn keine geeignete Maschine zum Drehen der Kartoffeln zur Verfügung steht, so hüllen Sie die Langustinen einfach in Strudelteig ein.

Schaltiere und Meeresfrüchte harmonieren hervorragend mit leichten sommerlichen Blatt- und Gemüsesalaten.

»Eine gute Sülze muss man immer auch mit den Augen essen.«

Aalsülze

Für 8–10 Portionen:
2 Räucheraale, à 800 g
250 g Rinderhesse
3 Eiweiß
1 Birne
2 Stangen Staudensellerie
1 Stange Porree (nur das Weiße)
700 ml Fischfond (s. S. 61)
$1/4$ l Madeira
1 Zwiebel
1 Möhre
1 Lorbeerblatt
5 Wacholderbeeren
Salz und Pfeffer aus der Mühle
1 Spritzer Limonensaft
5 Blatt Gelatine
1 Bund glatte Petersilie
1 Salatgurke

Räucheraale filieren (je zwei Filets ablösen). Zwei Filets in Würfel schneiden, Rest beiseite legen. Aalköpfe, Gräten, Haut und Rinderhesse durch den Fleischwolf drehen, Masse mit Eiweiß verrühren und in einen großen Topf geben. Birne schälen, grob würfeln, mit dem geputzten, in große Stücke geteilten Sellerie und Porree unter die Masse mengen. Mit Fischfond und dem Madeira aufgießen. Zwiebel halbieren und ohne Fett in der Pfanne bräunen. Möhre und Zwiebel sowie die Gewürze zugeben und unter Rühren aufkochen, so dass ein klarer Fond entsteht. Etwa 3 Stunden ziehen lassen, dann durch ein Tuch passieren und mit Salz, Pfeffer und Limonensaft abschmecken. Für etwa 350 ml die eingeweichte Gelatine im Fond auflösen. Petersilie in Julienne schneiden. Die Gurke schälen, würfeln und blanchieren, dann abtropfen lassen und mit Aalwürfeln, Aalfilets und Petersilie mischen. Masse in eine (oder, je nach Größe, zwei) Savarinform einfüllen und mit dem Fond bedecken. Einige Stunden kalt stellen.

Poulardensülze

Für 4 Portionen:
2 Poulardenbrüste, ca. 1 kg
ca. 1 l Heller Geflügelfond (s. S. 62)
1 Lorbeerblatt
3 große Möhren
1 kleiner Knollensellerie
Salz
6 Blatt Gelatine
1 EL Balsamico-Essig
Pfeffer aus der Mühle

Die Poulardenbrüste in der halben Menge des mit dem Lorbeerblatt aromatisierten Geflügelfonds etwa 15 bis 20 Minuten pochieren. In der Zwischenzeit das Gemüse putzen, in etwa 1 cm starke, möglichst lange Stangen schneiden und diese in Salzwasser blanchieren. Die Poulardenbrüste aus dem Fond herausnehmen, erkalten lassen und die Haut entfernen. Anschließend das Fleisch ebenfalls in Streifen schneiden. Fond durch ein feines Tuch passieren, den restlichen Geflügelfond zugießen und alles auf $1/2$ l reduzieren. Die eingeweichte Gelatine auspressen und im warmen Fond auflösen, mit Balsamico-Essig, Salz und Pfeffer abschmecken. Eine längliche Terrinenform kalt stellen und mit Klarsichtfolie auslegen. Zuerst den Boden $1/2$ cm hoch mit dem Fond auffüllen und im Kühlschrank erstarren lassen. Die Form dann schichtweise mit Fleisch und Gemüse belegen, etwas Fond darüber gießen, wieder erkalten lassen. Diesen Vorgang so oft wiederholen, bis die Form gefüllt ist. Dann mit dem restlichen Fond vollständig bedecken und 12 Stunden kalt stellen. Vor dem Servieren die Poulardensülze vorsichtig stürzen und mit dem Elektromesser in Scheiben schneiden.

Mein Tipp: Heiße Bratkartoffeln als Beilage verleihen dieser kühlen Sülze einen ganz besonders raffinierten Reiz.

Kaninchensülze

Für 8–10 Portionen:
2 Kaninchen, à ca. 1/2 kg
625 ml Weißwein
2 Bund Suppengrün
1 Zwiebel
1 Lorbeerblatt
1 Gewürznelke
3 EL Öl
7 Blatt Gelatine
2–3 EL Weißweinessig
1 Bund Schnittlauch
weißer Pfeffer aus der Mühle

Kaninchen entbeinen, Innereien beiseite legen, Bauchlappen abschneiden, Rückenstränge herauslösen und Knochen klein hacken. In einem Topf 1/2 l Weißwein mit 1/2 l Salzwasser zum Kochen bringen, Bauchlappen darin zugedeckt 2 Stunden ziehen lassen. Knochen mit dem ersten geputzten und grob zerkleinerten Suppengrün, der mit Lorbeer und Nelke gespickten Zwiebel, 1/4 l Weißwein und 3/4 l Wasser zustellen und zum Kochen bringen. Bei milder Hitze 2 Stunden offen kochen lassen, währenddessen wiederholt Schaum abschöpfen. Inzwischen Kaninchenfleisch und Innereien in Öl bei milder Hitze 5 Minuten hell anbraten, herausheben, Fett mit Küchenkrepp abtupfen. Das zweite Suppengrün, nach Sorten getrennt, in feine Würfel schneiden. Selleriewürfel in Salzwasser 3 Minuten kochen lassen, Möhren zugeben, nach weiteren 2 Minuten den Porree beifügen. Alles nochmals 2 Minuten kochen lassen und abseihen. Gelatine in kaltem Wasser einweichen. Nach 2 Stunden die Bauchlappen aus dem Topf nehmen, Knochenfond durch ein feines Tuch oder Sieb gießen, auf 1/2 l reduzieren, mit dem restlichen Weißwein und Essig sehr kräftig abschmecken. Schnittlauch in feine Röllchen schneiden. Gelatine gut ausdrücken und unter den noch warmen Fond rühren, Schnittlauch zugeben. Den Boden einer Terrinenform mit flüssigem Aspik ausgießen, Form kalt stellen, bis der Aspik fest ist. Bauchlappen und etwas Gemüse darauf geben, Innereien und Rückenfleisch im Wechsel mit Gemüse einschichten, bis alle Zutaten verbraucht sind. Zum Schluss mit flüssigem Aspik aufgießen, bis die Oberfläche bedeckt ist. Sülze zugedeckt 24 Stunden kühl stellen. Zum Stürzen die Sülze mit einem Messer vom Rand lösen und die Form kurz in warmes Wasser tauchen, damit die Masse nicht am Gefäß kleben bleibt. Die Sülze vorsichtig auf eine Platte stürzen und in 2 bis 3 cm dicke Scheiben schneiden.

Krabbensülze mit Basilikumcrème

Für 4 Portionen:
2 Tomaten
Butter zum Andünsten
1/2 Salatgurke
4 Schalotten
200 g geschälte Nordseekrabben
1 Bund Basilikum
1 EL Zitronensaft
1/2 l Fischfond (s. S. 61)
6 Blatt Gelatine
Salz und Pfeffer aus der Mühle
1 Spritzer Safranessig

Die Tomaten einige Sekunden in kochendes Wasser legen, Haut abziehen, in Würfel schneiden und in etwas Butter kurz zu einem Concassée andünsten. Salatgurke schälen, halbieren, entkernen und in Würfel schneiden. Die geschälten, kleinwürfelig geschnittenen Schalotten in etwas Butter anschwitzen, mit Tomatenconcassée, Gurkenwürfeln und den Krabben vermengen, mit gehacktem Basilikum und Zitronensaft würzen und diese Mischung in kleine Förmchen füllen. Einen Teil des Fischfonds erhitzen und darin die eingeweichte, ausgedrückte Gelatine auflösen. Die Fonds zusammenschütten und kräftig mit Salz, Pfeffer und Essig abschmecken. Die Förmchen mit dem Fond auffüllen und mindestens 2 Stunden kalt stellen.

Mein Tipp: Richten Sie die Krabbensülze mit etwas Basilikumcrème (s. S. 67) an.

Gemüsesülze mit Rote-Zwiebel-Vinaigrette

Für 4 Portionen:
1/2 l Gemüsefond (s. S. 64)
6 Blatt Gelatine
Salz und Pfeffer aus der Mühle
1 EL Weißweinessig
200 g Möhren
200 g Knollensellerie
200 g Keniabohnen
500 g Brokkoli
Rote-Zwiebel-Vinaigrette nach Rezept (s. S. 15)

Etwas Gemüsefond erwärmen, darin die in kaltem Wasser eingeweichte Gelatine auflösen und in den restlichen Fond einrühren. Kräftig mit Salz, Pfeffer und Weißweinessig abschmecken. Möhren und Sellerie putzen, in 1 cm starke Stangen schneiden, in kochendem Wasser kurz blanchieren, abgießen und abtropfen lassen. Keniabohnen und Brokkoli ebenfalls putzen, blanchieren, abtropfen lassen. Gemüsefond etwa 1 cm hoch in eine kalte Terrinenform füllen, kalt stellen, bis die Aspikmasse stockt. Nun das Gemüse abwechselnd einlegen, mit Fond auffüllen und für mindestens 10 Stunden kalt stellen. Vor dem Stürzen Sülze mit einem scharfen Messer vorsichtig vom Rand ablösen, Form kurz in warmes Wasser stellen und stürzen. Mit einem scharfen Küchenmesser in Scheiben schneiden und mit der vorbereiteten Rote-Zwiebel-Vinaigrette servieren.

Borschtsch-Sülze

Für 4–6 Portionen:
1 l Rinderkraftbrühe (s. S. 42)
100 g geräucherter Bauchspeck
1 Gewürzbeutel (Pfefferkörner, Lorbeerblatt, Fenchelgrün)
500 g Tafelspitz
1 Rinderhesse, ca. 1 1/2–2 kg
4 Eiweiß
13 Blatt Gelatine
1 EL Champagneressig
700 ml Rote-Bete-Saft
2 große Rote Beten
1 Weißkohl
1 Knollensellerie
2 Bund Frühlingszwiebeln

Rinderkraftbrühe mit Bauchspeck und Gewürzbeutel einmal aufkochen lassen, Tafelspitz darin etwa 2 Stunden garen und wieder herausheben. Rinderhesse durch den Fleischwolf drehen, mit Eiweiß unter den Fond mengen. Den Fond unter wiederholtem Abschöpfen des Schaumes so lange kochen, bis er klar geworden ist, und anschließend durch ein feines Tuch abseihen. Auf 1/2 l reduzieren und mit 7 Blatt eingeweichter Gelatine ansetzen. Den Champagneressig einrühren und Fond gelieren lassen. Rote-Bete-Saft auf 400 ml reduzieren und mit 6 Blatt eingeweichter Gelatine binden. Gemüse putzen, in 1 cm dicke Scheiben schneiden und bissfest blanchieren, in Eiswasser abschrecken. Eine Terrinenform mit Klarsichtfolie auskleiden, den gelierten Rübensaft eingießen und stocken lassen. Abwechselnd Gemüse, Fond und den in Scheiben geschnittenen Tafelspitz in die Terrine einfüllen. Die oberste Schicht muss gut mit Fond bedeckt sein. Die Sülze mindestens 6 Stunden durchkühlen lassen.

Mein Tipp: Unterstreichen Sie die russische Note dieses Gerichtes, indem Sie zur Sülze Blinis (s. S. 101) und Kaviar servieren.

»Ein Borschtsch muss nicht immer ein Wintergericht sein, speziell dann nicht, wenn er zur leichten Sülze wird.«

Hummerterrine

Für 4–6 Portionen:
2 Stangen Mangold
Salz
1/2 Stange Sellerie
2 Möhren
2 Stangen Porree (nur das Weiße)
2 Zwiebeln
2 europäische Hummer, à 800 g
400 g entgrätetes Zanderfilet
100 ml stark reduzierter Hummerfond (von 1/2 l, s. S. 61 Krebsfond, Tipp)
1 EL Cognac
250 g Sahne
1 Bund glatte Petersilie
2 EL Butter
1 Msp. Cayennepfeffer
Saft von 1 Limone

Für die Mangoldmatte die Mangoldblätter kurz in kochendes Salzwasser tauchen und sofort in Eiswasser abschrecken. Blätter sorgfältig nebeneinander auf ein Tuch legen, wiederum mit einem Tuch bedecken und mit einem Nudelholz glatt walzen. In einem großen Topf reichlich Salzwasser zustellen. Sellerie, Möhren, Porree putzen, Zwiebel schälen und alles in grobe Stücke geteilt im Salzwasser aufkochen lassen. Hummer etwa 5 bis 6 Minuten kochen, kurz abschrecken und dann ausbrechen. Zanderfilet in kleine Würfel schneiden, salzen und für circa 15 Minuten in das Tiefkühlfach stellen. Hummerfond, Sahne und Cognac ebenfalls kalt stellen. Petersilie in feine Streifen schneiden. Eine Terrinenform (mit Deckel) mit Klarsichtfolie auslegen und mit flüssiger Butter auspinseln. Eiskalten Zander mit Hummerfond und Cognac in einer Küchenmaschine mixen, unter ständigem Mixen kalte Sahne zugeben und darauf achten, dass die Farce eine homogene Masse bleibt. Die fertige Farce durch ein Haarsieb passieren, mit Salz, Cayennepfeffer und Limonensaft würzig abschmecken und kalt stellen. Die Mangoldmatte auf die Länge der Terrine zuschneiden und mit etwas Farce bestreichen. Die Hummerschwänze auflegen und einrollen. Restliches Hummerfleisch klein schneiden und zusammen mit der Petersilie gut in die Farce einarbeiten. Nun den Boden und die Wände der Terrinenform mit Farce auskleiden, die Mangoldrolle einsetzen und mit der Farce verschließen. Mit Folie abdecken und mit dem Deckel verschließen. Bei etwa 80 °C 30 bis 40 Minuten im Wasserbad pochieren.

Zanderroulade

Für 6 Portionen:
1 Stange Mangold
Salz
2 kleine Zander, à ca. 1 1/2 kg
5 cl Noilly-Prat
1/2 TL Safranfäden
250 g Sahne
Cayennepfeffer
Saft von 1 Limone
2 Möhren
1/2 Knollensellerie
1 Bund glatte Petersilie
flüssige Butter für die Folie

Mangoldblätter abschneiden, kurz in kochendes Salzwasser tauchen und sofort in Eiswasser abschrecken. Blätter sorgfältig nebeneinander auf ein Tuch legen, wiederum mit einem Tuch bedecken und mit einem Nudelholz glatt walzen. Zander filieren, Fleischabschnitte klein schneiden und etwa 15 Minuten anfrieren. Zanderfilets, bis auf ein großes Rückenstück, halbieren und plattieren. Noilly-Prat mit Safranfäden aufkochen, reduzieren und ebenfalls kalt stellen. Die Fischabschnitte mit der kalten Sahne in einer Küchenmaschine mixen und den Noilly-Prat zugeben, wiederum mixen. Farce passieren und mit Salz, Cayennepfeffer und Limonensaft abschmecken. Kalt stellen. Das Gemüse putzen, in Brunoise schneiden, blanchieren, abtropfen und auskühlen lassen. Mit geschnittener Petersilie unter die Farce mischen. Frischhaltefolie mit flüssiger Butter einpinseln und salzen. Die plattierten Zanderfilets ordentlich auflegen und mit der Farce dünn bestreichen. Mangoldmatte ebenfalls dünn mit Farce bestreichen. Aus den Rückenfilets einen Kern zurechtschneiden, würzen und diesen in Mangold einwickeln. Den Zanderkern auf die Zanderfilets legen und eindrehen. Die Enden der Folie fest zubinden und etwa 20 Minuten bei 80 °C pochieren. Vor dem Servieren Folie lösen und die Zanderroulade in Scheiben schneiden.

Rehterrine

Für 12–16 Portionen:
1 Apfel
1 EL Butter
350 g sehnenfreies Rehfleisch
100 g Schweinenacken oder -schulter
100 g geräucherter Speck
400 g grüner Spickspeck
300 g Hühnerleber
150 g rohe Gänseleber
20 angedrückte Wacholderbeeren
geriebene Schale von 1/2 Orange
8 Thymianzweige
2 Rosmarinzweige
2 Lorbeerblätter
1 TL Majoran
weißer Pfeffer aus der Mühle
1 TL Pökelsalz
1 TL Pastetensalz
Salz
Wacholderbeeren, Lorbeerblätter, Thymian zum Garnieren

Für die Marinade:
4 cl Cognac
4 cl Portwein
8 cl Noilly-Prat

Für die Einlage:
60 g Herbsttrompeten, Morcheln oder schwarze Trüffeln
1 EL Butter
1 TL Madeira
150 g Spickspeck
Salz
200 g frisches Rehfilet
150 g gepöckelte, gekochte Rinderzunge
weißer Pfeffer aus der Mühle
12 Scheiben ungeräucherter Speck

Vorbereiten:
Apfel schälen, entkernen, vierteln. Anschließend die Apfelviertel in Butter weich dünsten und auskühlen lassen. Reh- und Schweinefleisch, beide Specksorten sowie beide Lebern in etwa 3 cm große Würfel schneiden. Alles mit den angeführten Zutaten (außer den Speckscheiben) gut vermengen. Aus Cognac, Portwein und Noilly-Prat eine Marinade anrühren und die vorbereitete Masse darin einlegen, mit Folie abdecken und für 3 Tage in den Kühlschrank legen. Währenddessen Fleisch ab und an wenden. Nach 3 Tagen Fleisch und Speck herausheben, abtropfen lassen, Gewürze und Kräuterzweige entfernen. In einer großen Pfanne Speck glasig dünsten, Fleisch rasch blutig anbraten und sofort auf ein Sieb zum Abtropfen geben, Lebern ebenfalls braten und auskühlen lassen.

Einlage:
Die Pilze putzen, halbieren und in Butter und etwas Madeira trocken dünsten. Den Spickspeck in 1/2 cm große Würfel schneiden, 1 Minute in kochendes Salzwasser geben, nach 1 Minute abseihen und auskühlen lassen. Rehfilet in 1 1/2 cm, gepökelte Rinderzunge in 1 cm große Würfel schneiden. Rehfiletwürfel kurz anbraten und mit Salz und Pfeffer würzen. Eine Terrinenform (mit Deckel) von etwa 30 cm Länge und 7 cm Höhe mit Speckscheiben so auslegen, dass diese über den Rand hängen.

Zubereiten:
Das ausgekühlte, angebratene Fleisch zweimal durch die feine Scheibe des Fleischwolfs drehen, abermals kalt stellen. In einer Küchenmaschine fein mixen, durch ein Sieb streichen und in einer kalten Schüssel, die in einem Eisbad steht, schaumig rühren. Kräftig mit Salz und Pfeffer würzen. Nun die Einlage darunter mengen und alles in die Terrine füllen. Fest anklopfen, damit keine Luftblasen entstehen. Die überhängenden Speckscheiben darüber klappen. Mit einigen Wacholderbeeren, Lorbeerblättern und Thymian bestreuen, den Deckel auflegen und im vorgewärmten Ofen im Wasserbad bei 80 °C gut 1 Stunde garen.

Mein Tipp: Servieren Sie diese Terrine ganz klassisch mit Sauce Cumberland und glasierten Weintrauben.

Erleichterte Terrinen

Der Terrine haftet heute oft noch der Ruf des kalorienschweren Grande-Cuisine-Klassikers an. Wenn man jedoch einen Teil der Butter durch leichte Gemüsepürees, die fetten Fleisch- durch luftige Fischfarcen und den umhüllenden Speck durch Blattgemüse, hauchdünne, pochierte Karottenscheiben oder schlicht durch Alufolie ersetzt, so wird im Nu ein modernes, zeitgemäßes Gericht daraus.

Kaninchen-terrine

Für 4–6 Portionen:
1 zerteiltes, entbeintes Kaninchen (mit Leber und Niere)
Salz und Pfeffer aus der Mühle
ca. 2 EL Olivenöl
je 100 g Porree (nur das Weiße), Knollensellerie und Möhren
100 g Morcheln

Ausgelöste Keulen und Schultern in der Küchenmaschine oder im Blitzcutter zu einer geschmeidigen Farce mixen. Kaninchenrücken enthäuten, entsehnen, salzen und pfeffern, in etwas Olivenöl in der Pfanne kurz von allen Seiten anbraten, so dass das Filet noch rosa bleibt, auskühlen lassen. Niere und Leber in Würfel schneiden. Porree, Sellerie und Möhren waschen, würfeln, in Salzwasser blanchieren und abtropfen lassen. Morcheln in Olivenöl anschwitzen, mit den Innereien und Gemüsewürfeln unter die Farce mischen, mit Salz und Pfeffer abschmecken. Eine Terrinenform mit hitzebeständiger Klarsichtfolie auslegen, mit Farce zur Hälfte bestreichen, Filets einlegen, mit der restlichen Farce bestreichen. Mit Terrinendeckel oder Alufolie abdecken und im Wasserbad bei 80 °C Wassertemperatur etwa 50 Minuten garen. Die Terrine aus dem Wasser nehmen und mindestens 1 Tag im Kühlschrank kalt stellen.

Fischterrine

Für 8–10 Portionen:
900 g Fischfilet (Zander, Hecht etc.)
Salz
6 Eiweiß
450 g Sahne
400 g Lachs
10 Blatt Spinat, möglichst groß
Cayennepfeffer
1 Spritzer Zitronensaft

Fischfilets mit Salz würzen, mit dem Eiweiß in eine Schale geben und 30 Minuten in das Tiefkühlfach stellen. Das fast gefrorene Fischfleisch gemeinsam mit Sahne in einer Küchenmaschine (Blitzcutter) mixen. Eine Terrinenform (mit Deckel) mit Klarsichtfolie auskleiden. Lachs in 1 bis 2 cm starke Streifen schneiden. Spinat putzen, blanchieren und auf einem Blech ausbreiten. Farce etwa 2 mm stark auf den Spinat streichen und den Lachs darauf legen, einrollen. Die Terrinenform zur Hälfte mit der Farce füllen, die Lachsrolle hineinlegen und mit der restlichen Farce zudecken. Die Form mit einem Deckel verschließen und bei 80 °C im Wasserbad 35 Minuten garen, dafür den Backofen zuerst auf etwa 135 °C vorheizen, da er beim Hineinstellen der Terrine sonst zu stark abkühlt. Die Terrine mindestens 10 Stunden kalt stellen.

Mein Tipp: Richten Sie die in Scheiben geschnittene Terrine auf marinierten Blattsalaten an.

Gemüseterrine

Für 4–6 Portionen:
2 Schalotten
250 g Möhren
50 g Butter
100 g Sahne
Salz und weißer Pfeffer aus der Mühle
1 Prise geriebene Muskatnuss
100 g Blumenkohl
100 g Brokkoli
100 g Rosenkohl
100 g Knollensellerie
100 g Erbsenschoten
4 Eier
Saft von 1/2 Zitrone
Butter für die Form

Schalotten und Möhren schälen und in Würfel schneiden, in einer Pfanne in etwas Butter andünsten und mit Sahne ablöschen. Mit Salz, Pfeffer und Muskatnuss würzen, 10 Minuten garen, mit einem Mixer pürieren, passieren und erkalten lassen. Die übrigen Gemüse putzen, waschen, Blumenkohl, Brokkoli und Rosenkohl in kleine Röschen zerteilen, Sellerie in Würfel schneiden und die Erbsen aus der Schale lösen. Das Gemüse in Salzwasser jeweils auf den Punkt garen und in Eiswasser abschrecken. Die Eier nach und nach unter das Möhrenpüree rühren, das blanchierte, gut abgetropfte Gemüse dazugeben, mit Zitronensaft abschmecken und eventuell nachwürzen. Die Masse in eine ausgefettete Terrinenform füllen und im vorgeheizten Backofen bei 200 °C etwa 50 Minuten garen, herausnehmen und stürzen.

Mein Tipp: Die Terrine kann warm, beispielsweise mit frischem Spargel, oder als kalte Vorspeise mit Salaten oder Krabben aufgetragen werden.

Terrine »Maison« – Hausmacherart

Für 4–6 Portionen:
150 g Poulardenbrust
100 g Kalbfleisch, ohne Sehnen
200 g frischer Speck
1 TL gehackter Thymian
1 Msp. Ingwer
1 Msp. geriebene Muskatnuss
2 cl Portwein
2 EL gehackte Petersilie
1 EL gehacktes Basilikum
Butter zum Andünsten
2 Schalotten
80 g Geflügelleber
Salz und weißer Pfeffer aus der Mühle
2 cl Cognac
125 g Sahne
80 g Staudenselleriewürfel
80 g Möhrenwürfel
50 g Kalbsbrieswürfel
80 g gepökelte, gekochte Rinderzungenwürfel
2 EL gehackte Pistazien
300 g Speck in Scheiben
Gewürzgurken, Perlzwiebeln und Salate zum Garnieren

Poulardenbrust, Kalbfleisch und Speck in Streifen schneiden, in eine große Schüssel geben, mit den Gewürzen, Portwein und Kräutern marinieren und über Nacht abgedeckt in den Kühlschrank stellen. Etwas Butter in einer Pfanne erhitzen, die geschälten, in Würfel geschnittenen Schalotten darin anschwitzen, Geflügelleber mitschwitzen, salzen, pfeffern und mit Cognac ablöschen. Kurz einkochen lassen, vom Feuer nehmen und erkalten lassen. Mariniertes Fleisch durch die feine Scheibe des Fleischwolfes drehen, in einer gut gekühlten Schüssel 10 Minuten kalt stellen. In eine Küchenmaschine geben und langsam die kalte Sahne einarbeiten. Nun Farce am besten in eine Schüssel im eiskalten Wasserbad geben. Gemüse und Kalbsbriesröschen säubern, blanchieren und zusammen mit Geflügelleber, Pökelzunge sowie Pistazien unterrühren. Eine Terrinenform mit Speckscheiben auslegen, Farce einfüllen, die Form mehrmals auf die Arbeitsfläche klopfen, damit Luft entweichen kann. Die Form im vorgeheizten Backofen in einem Wasserbad bei 80 °C Wassertemperatur etwa 50 Minuten garen. Terrine aus dem Wasserbad nehmen und im Kühlschrank mehrere Stunden gut durchkühlen. Vor dem Servieren stürzen, in Scheiben schneiden, mit Gewürzgurken, Perlzwiebeln und Salaten servieren.

»Terrinen sind nichts anderes als Pasteten, die sich ihrer Kleider entledigt haben.«

Briesmousse

Für 4 Portionen:
$1/2$ l Gemüsefond (s. S. 64)
200 g Kalbsbries
50 g Butter
5 Blatt Gelatine
150 ml Heller Kalbsfond (s. S. 62)
75 g Crème fraîche
150 g Sahne
Salz und Pfeffer aus der Mühle
1 Prise geriebene Muskatnuss
1 Spritzer Zitronensaft

Die Court-bouillon aufkochen, Kalbsbries einlegen, etwa 20 Minuten darin ziehen lassen, kalt abschrecken und enthäuten. In Röschen teilen und in Butter glasieren. Die eingeweichte, ausgedrückte Gelatine in ein wenig Kalbsfond auflösen, den restlichen Kalbsfond zum Bries geben und in einer Küchenmaschine mixen, Crème fraîche zugießen und Farce durch ein Sieb passieren. Aufgelöste Gelatine in die Masse einrühren, kühl stehen lassen. Kurz vor Beginn des Gelierens die Sahne darunter heben und mit den Gewürzen und Zitronensaft abschmecken. In eine Form füllen und etwa 5 Stunden kalt stellen.

Gänseleber-mousse

Für 4–6 Portionen:
300 g gegarte Gänseleber
100 ml weißer Portwein
100 ml Madeira
Salz und weißer Pfeffer aus der Mühle
1 Prise geriebene Muskatnuss
100 g Butter
200 g geschlagene Sahne
Kerbel zum Garnieren

Die Gänseleber durch ein Sieb streichen. Portwein und Madeira einkochen lassen, bis die Flüssigkeit eine sirupartige Konsistenz hat. Sirup unter die Gänseleber mengen. Die Masse mit Salz, Pfeffer und Muskatnuss würzen und die in einem kleinen Topf nussbraun erhitzte, wieder etwas abgekühlte Butter unterziehen. Nun in einer Schüssel über einem eiskalten Wasserbad die Schlagsahne mit der Gänseleber vermengen, wobei die Masse nicht flüssig werden darf. Anschließend in eine Form füllen und einen halben Tag lang kalt stellen. Zum Servieren einen Esslöffel in heißes Wasser tauchen, aus der Mousse Nocken ausstechen und diese auf kalten Tellern anordnen. Mit gezupftem Kerbel garnieren.

Mein Tipp: Als klassisches Gebäck reicht man Brioches dazu.

Mousse von geräuchertem Aal

Für 4 Portionen:
250 g Räucheraalfilet
200 ml Aalfond (s. S. 61)
2 EL Crème fraîche
Salz und Cayennepfeffer
Limonensaft
3 Blatt Gelatine
150 g Sahne

Die Räucheraalfilets mit dem Aalfond aufkochen, mixen und passieren. Crème fraîche darunter rühren, mit Salz, Cayennepfeffer und Limonensaft gut abschmecken. Gelatine einweichen, ausdrücken, auflösen und unter die Masse mengen, kalt stellen. Die Sahne nicht ganz steif schlagen. Wenn die Masse anfängt anzuziehen, die Sahne vorsichtig unterheben und die Mousse – wenn möglich – in eine dreieckige Terrinenform füllen. Für 4 bis 5 Stunden kalt stellen. Vor dem Servieren stürzen und in Portionen teilen.

Räucherlachs-mousse

Für 4–6 Portionen:
400 g Räucherlachs
2 Schalotten
1 EL Butter
1 Prise Meersalz
100 ml Weißwein
$1/4$ l Fischfond (s. S. 61)
1 Limone
2 EL Crème fraîche
3 Blatt Gelatine
125 g geschlagene Sahne

Räucherlachs in Würfel schneiden, Schalotten in Würfel schneiden und in Butter dünsten, Lachs hinzugeben, mit Meersalz würzen. Mit Weißwein ablöschen, reduzieren, mit Fischfond aufgießen und ziehen lassen. Zum Abkühlen auf Eiswasser stellen. Fischmasse in einem Mixer pürieren, die Limone hineinpressen, die Crème fraîche hinzugeben und alles passieren. Masse über einem Wasserbad erwärmen. Die eingeweichte, ausgedrückte und aufgelöste Gelatine unterziehen und die Masse wieder kalt rühren. Die geschlagene Sahne unterheben, in eine Schüssel oder Terrinenform füllen und etwa 2 Stunden kalt stellen.

Weisse Tomatenmousse

Für 4–6 Portionen:
30 Tomaten
1 Prise Salz
1 Prise Zucker
1 EL Balsamico-Essig
1 Estragonzweig
6 Basilikumblätter
8 Blatt Gelatine
250 g Sahne

Die ganzen Tomaten mit der Schale in einem Mixbecher pürieren, Zucker, Salz und Balsamico-Essig hinzugeben. Die Masse mit dem Estragonzweig und den Basilikumblättern aromatisieren, in einem Passiertuch abtropfen lassen und währenddessen den Saft auffangen. Den klaren, weißen Tomatensaft leicht erwärmen und die eingeweichte, ausgedrückte Gelatine darin auflösen. Über Eiswasser kalt rühren, abschließend die nur halb steif geschlagene Sahne unterheben und 2 bis 3 Stunden kalt stellen.

Meerrettich-mousse

Für 4–6 Portionen:
2 Schalotten
1 EL Butter
1/2 Stange Meerrettich
1 Prise Puderzucker
1/4 l Heller Geflügelfond (s. S. 62)
125 g Sahne
2 EL Crème fraîche
1 Prise Meersalz
Saft von 1/2 Limone
3 Blatt Gelatine

Die Schalotten schälen, in kleine Würfel schneiden und in der Butter glasig anschwitzen. Meerrettich schälen, in kleine Würfel schneiden, mit Puderzucker bestreuen und kurz mitdünsten. Geflügelfond zugießen und leicht kochen lassen. Währenddessen die Sahne aufschlagen und auf Eiswasser stellen. Die warme Masse im Mixer pürieren und passieren. Mit Crème fraîche verfeinern, mit Meersalz und Limonensaft abschmecken. Die Gelatine in kaltem Wasser einweichen und ausgedrückt unter die warme Masse rühren, alles kalt schlagen und abschließend die Sahne unterheben. In eine Form füllen und 3 Stunden kalt stellen.

Entenleber-parfait

Für 4–6 Portionen:
400 g Entenleber
Salz und Pfeffer aus der Mühle
1 Prise Zucker
1 Prise Majoran
3 Eier
2 Eigelb
400 g flüssige, aber nicht heiße Butter
100 ml roter Portwein, von 3/4 l reduziert
100 ml Madeira, von 3/4 l reduziert
100 g fetter, nicht geräucherter Speck in dünnen Scheiben

Die Leber säubern, gut würzen und in einem Mixbecher fein pürieren. Nach und nach Eier und Eigelb, dann die flüssige Butter langsam zugeben, weiter gut mixen und den reduzierten Portwein und Madeira einlaufen lassen. Eventuell nochmals nachwürzen und durch ein Spitzsieb passieren. Eine Terrinenform so mit Speckscheiben auslegen, dass der Speck über den Rand hinausragt, und die Entenlebermasse einfüllen. Speckmantel zuschlagen, die Terrinenform abdecken und im Wasserbad bei 160 °C im Backofen garen. Das Parfait 6 bis 8 Stunden im Kühlschrank auskühlen lassen.
Mein Tipp: Servieren Sie dieses Parfait mit Brioche.

»Parfait kommt von perfekt und schmeckt auch so.«

Pikante Butter

Für 4–6 Portionen:
160 g Butter
1 EL gehackter Kerbel
1 EL gehackter Estragon
1 EL gehackte Brunnenkresse
1 EL gehackte Petersilie
1 Schalotte
1 EL Kapern
1 EL rote und gelbe Paprikaschotenwürfel
1 EL Essiggurkenwürfel
1 Msp. Sardellenpaste
1 Spritzer Zitronensaft
1 Prise Cayennepfeffer
1 Spritzer Worcestershiresauce
Salz und weißer Pfeffer aus der Mühle

Butter schaumig rühren, bis sie fast weiß ist. Die gehackten Kräuter, die geschälte und würfelig geschnittene Schalotte, die gehackten Kapern, Paprikawürfel, Essiggurkenwürfel und Sardellenpaste beigeben, mit Zitronensaft, Cayennepfeffer, Worcestershiresauce, Salz und Pfeffer würzen und alles gut durchmengen.
Mein Tipp: Diese pikante Butter eignet sich nicht nur als schmackhafter Aufstrich für Canapés und Brote, sondern auch als »Aufputz« für Grillgerichte.

Kapern-Sardellen-Butter

Für 4–6 Portionen:
150 g Butter
30 g Kapern
30 g zerdrückte Sardellenfilets (ersatzweise Sardellenpaste)
1 EL gehackter Estragon
Salz und weißer Pfeffer aus der Mühle
1 Spritzer Zitronensaft

Butter schaumig rühren, bis sie fast weiß ist. Die Kapern und Sardellenfilets fein hacken, mit dem Estragon unter die Butter mengen. Mit Salz, Pfeffer und Zitronensaft abschmecken.
Mein Tipp: Die Kapern-Sardellen-Butter harmoniert sehr gut mit gegrillten Fischgerichten.

Kressebutter

Für 4–6 Portionen:
1/2 Bund Brunnenkresse
150 g Butter
Salz und weißer Pfeffer aus der Mühle
1 Spritzer Zitronensaft

Die Brunnenkresse von den Stielen befreien, waschen und in einer Küchenmaschine mit der kalten Butter fein mixen, mit Salz, Pfeffer und Zitronensaft abschmecken.
Mein Tipp: Kressebutter gibt sowohl für Canapés als auch für würziges Schwarz- oder knuspriges Weißbrot eine ideale Unterlage ab.

Kräuterbutter

Für 4–6 Portionen:
150 g Butter
Salz und weißer Pfeffer aus der Mühle
1 EL Schnittlauchröllchen
1 EL Kerbel
1 EL Estragon
1 EL Petersilie
1 Schalotte
1 Spritzer Zitronensaft
1 TL Senf

Butter schaumig rühren, bis sie fast weiß ist, mit Salz und Pfeffer würzen. Die fein gehackten Kräuter und die geschälte, ebenfalls fein gehackte Schalotte unter die Butter mixen. Mit Zitronensaft und Senf würzen, mit Salz und Pfeffer nochmals abschmecken.
Mein Tipp: Kräuterbutter macht sich nicht nur auf Canapés gut, sondern ist auch bei so manchem Grillgericht unverzichtbarer Aufputz. Dafür wird die Kräuterbutter in einen Spritzbeutel mit Sterntülle gefüllt, als kleine Rosetten auf Backpapier oder Alufolie gespritzt und in das Tiefkühlfach gestellt. Die Kräuterbutter wird erst unmittelbar vor dem Servieren auf das gegrillte Fleisch gesetzt.

Krebsbutter (Hummerbutter)

Für 4–6 Portionen:
ca. 100 g getrocknete Schalen von gekochten Krebsen (Hummern)
200 g Butter
Salz

Die gekochten, getrockneten Schalen fein zerstoßen, mit Butter aufkochen und etwa 10 Minuten langsam köcheln lassen, durch ein feines Tuch passieren, salzen und kalt stellen.
Mein Tipp: Krebs- und Hummerbutter kommt außer bei Canapés vor allem bei Fischgerichten sowie als Zugabe bei Fischsaucen zum Einsatz.

Topfen-Nuss-Aufstrich

Für 4–6 Portionen:
80 g Butter
250 g Topfen (Sahnequark)
1 EL Crème fraîche
50 g gehackte Walnüsse
50 g gehackte Pinienkerne
2 EL fein geschnittene Schnittlauchröllchen
Salz, weißer Pfeffer aus der Mühle

Die zimmertemperierte Butter schaumig rühren, Topfen, Crème fraîche, Walnüsse, Pinienkerne und Schnittlauchröllchen zugeben, mit Salz und Pfeffer würzen.

Thunfisch mit Oliven und Kresse

Für 4–6 Portionen:
200 g Thunfisch aus der Dose
2 hart gekochte Eier
100 g Butter
1 Schalotte
1 EL Tomatenconcassée
1 EL gehacktes Basilikum
1 Schale fein gezupfte Kresse
12 entkernte schwarze Oliven
50 g Erbsen
Salz und weißer Pfeffer aus der Mühle
3 EL Mayonnaise (s. S. 12)

Thunfisch aus der Dose nehmen und abtropfen lassen. Eier schälen, fein hacken, mit der schaumig gerührten Butter mischen. Fein gehackte Schalotte, Tomatenconcassèe, Basilikum, Kresse, klein geschnittene Oliven und Erbsen beifügen, würzen und mit der Mayonnaise strecken.

Liptauer

Für 4–6 Portionen:
100 g Butter
400 g Brimsen oder Topfen
1 Zwiebel
2 EL Kapern
2 EL Gewürzgurken
1 EL Paprikapulver, edelsüß
1 TL Senf
1/2 TL Sardellenpaste
2 EL Schnittlauchröllchen
Salz und weißer Pfeffer aus der Mühle

Butter schaumig rühren, Brimsen oder Topfen unterrühren. Die geschälte Zwiebel fein hacken und mit den ebenfalls fein gehackten Kapern und Gewürzgurken untermengen, mit Paprikapulver, Senf, Sardellenpaste, Salz und weißem Pfeffer würzen. Die Schnittlauchröllchen einmengen.

Obatzda

Für 4–6 Portionen:
750 g reifer Camembert
375 g Frischkäse
150 g Butter
Salz und weißer Pfeffer aus der Mühle
2 TL Paprikapulver, edelsüß
1/2 Bund Schnittlauch
3 mittelgroße Zwiebeln
1 TL Kümmel
6 Radieschen als Garnitur

Camembert und Frischkäse durch ein Sieb streichen, mit der zimmertemperierten Butter und den anderen Zutaten gut vermengen, nach Belieben mit den Gewürzen, den sehr fein gehackten Zwiebeln und geschnittenem Schnittlauch abschmecken. Zum Schluss mit Radieschen garnieren.

Bier- und Buschenschank ...

haben schon so manchen deftigen Brotaufstrich kreiert, der heute auch in den Gedecktöpfchen der Spitzengastronomie zu Hause ist. So ist der klassische »Obatzda« ein Kind bayerischer Bierseligkeit, während der Liptauer zwar ursprünglich auf einen slowakischen Schafsfrischkäse zurückgeht, aber ganz eindeutig beim Wiener Heurigen »erfunden« wurde.

ERLESENE SUPPEN

Die Suppe ist so alt wie das Feuer. Im Gegensatz zum aggressiv-männlichen Braten, der von den ersten Nomaden nach der Jagd über offenem Feuer am Spieß gegrillt wurde, war die Suppe schon in der Urzeit der Inbegriff der Sesshaftigkeit, und somit vor allem Domäne der Frau. Die Suppe steht für schonende, allmähliche Garung, und sie ist auch eine der gesündesten Kochmethoden, da in einer Suppe nichts an wertvollen Mineral- und Inhaltsstoffen verloren geht. Kein Wunder, dass einer der ersten Propagandisten kein Geringerer als Gautama Buddha war, der die Suppe einst in recht blumigen Worten besang: Suppe, in Maßen genossen, meinte er, würde das »Gesäß zum Kamelhuf« werden lassen.

Vom Armeleutegericht zur Delikatesse.

Dass die Suppe, wie heute allgemein üblich, in erster Linie als Vorspeise betrachtet wird, ist allerdings erst eine Errungenschaft der jüngeren Zeit. Noch im vorigen Jahrhundert galt die Suppe als Universalgericht für den ganzen Tag – und wurde in ländlichen Gegenden schon zum Frühstück gelöffelt. In bestimmten Gegenden, etwa in Schwaben, war die Suppe früher sogar dermaßen populär, dass sie praktisch ausschließlich Magen und Speisezettel füllte. Mittlerweile ist die Suppe allerdings längst kein nahrhaftes »Armeleutegericht« mehr, sondern eine Herausforderung für Köchinnen und Köche, die gerne mit Essenzen und hochfeinen Aromen experimentieren oder auch einmal eine Hauptmahlzeit auslassen und schlichtweg durch eine köstliche Suppe ersetzen wollen. Außerdem ist die Suppe bis heute eines der vielseitigsten Gerichte, die wir kennen.

Die Seele der Suppe.

Als Grundlage eignet sich vom Gemüse über Fleisch, Geflügel, Fisch und Schaltieren bis hin zu Pilzen und Kräutern nahezu jede Zutat, die irgendwelche Aromastoffe abzugeben hat. Dennoch ist und bleibt die »Seele« jeder wahren Suppe das Rindfleisch, zumal dann, wenn sie als »Consommé« in ihrer reinsten, dichtesten und wohlschmeckendsten Form serviert wird.

Zudem ist die Suppe allein schon deshalb ein Leitmotiv jeder feinen Küche, weil sie die allernächste Verwandte der Sauce ist. Josef Viehhauser ist sich dieser Tradition wie kaum ein anderer bewusst und räumt den Suppen, die bei ihm weniger sättigend als vielmehr appetitanregend sind, auf den Speisekarten seiner Restaurants ein, was ihnen gebührt: einen Ehrenplatz.

Das Schöpfen aus einem Kessel ist ein archaischer Akt, denn die Suppe ist so alt wie das Feuer.

Geeiste Paprika-Gemüse-Suppe

Für 6–8 Portionen:
2 Salatgurken
2 rote Paprikaschoten
4 Schalotten
4 süße Tomaten
200 ml kaltgepresstes Olivenöl
Salz und Cayennepfeffer
Saft von 2 Limonen
200 g gewürfeltes Weißbrot
Pflanzenöl zum Rösten
1 Bund Basilikum

Das Gemüse waschen und entkernen. Je ein Drittel des Gemüses zur Seite legen. Das restliche Gemüse in der Küchenmaschine pürieren, Püree durch ein feines Haarsieb streichen und mit Olivenöl kalt aufschlagen. Zum Schluss mit Salz, Cayennepfeffer und Limonensaft abschmecken, kalt stellen. Das gewürfelte Weißbrot in einer Pfanne mit Pflanzenfett goldgelb rösten und auf Küchenkrepp abtropfen lassen. Das beiseite gelegte Gemüse in kleine Würfel schneiden. Die gekühlte Suppe noch einmal mit dem Pürierstab mixen und in tiefe Teller geben. Mit Croûtons und Gemüsewürfeln garnieren und das in Streifen geschnittene Basilikum darüber streuen.

Geeiste, klare Tomaten-Consommé

Für 4 Portionen:
2 kg vollreife Tomaten
1 EL Meersalz
1 Thymianzweig
1 Rosmarinzweig
4 Tomaten als Einlage
Salz
1 Bund Basilikum
kaltgepresstes Olivenöl

Die gewaschenen Tomaten im Mixer pürieren, mit Meersalz würzen, Thymian- und Rosmarinzweige zugeben und alles in einem groben Leinentuch aufhängen, so dass der Saft etwa 10 Stunden abtropfen und aufgefangen werden kann. Tomaten für die Einlage kreuzweise einschneiden, Stielansatz keilförmig ausschneiden, ganz kurz in kochendem Wasser blanchieren und in Eiswasser abschrecken. Haut abziehen, Tomaten vierteln, Kerne auswaschen und Tomaten in beliebige Form (Würfel etc.) schneiden. Den aufgefangenen, klaren, kalten Tomatensaft mit Salz abschmecken, Tomateneinlage dazugeben, mit gehacktem Basilikum garnieren und die Consommé vor dem Servieren mit ein paar Tropfen Olivenöl vollenden.

Geeiste Kartoffelsuppe »Vichyssoise«

Für 6–8 Portionen:
4 große Kartoffeln
1 großer Knollensellerie
1 Lorbeerblatt
Salz
3/4 l Consommé (s. S. 42)
125 g Sahne
4 EL Crème fraîche
1 Prise geriebene Muskatnuss
1 Prise Cayennepfeffer
Saft von 1 Limone
2 Majoranzweige
1 Stange Porree (nur das Weiße)

Kartoffeln und Sellerie waschen, schälen und würfeln. Mit dem Lorbeerblatt und etwas Salz in der Consommé gar kochen. Gemüse abseihen und den Sud auffangen. Kartoffeln und Sellerie durch eine Kartoffelpresse drücken und unter ständigem Rühren mit Sahne, Crème fraîche und dem Fond wieder langsam erhitzen, ohne zu kochen. Suppe mit Muskatnuss, Cayennepfeffer und Limonensaft abschmecken. Majoranblätter in die Suppe zupfen und diese vollständig erkalten lassen. Durch ein Sieb passieren und mit in dünne Streifen geschnittenem Porree verfeinern.
Mein Tipp: Als Einlage für die »Vichyssoise« harmonieren Hummer, Krabben, Krebse oder geräucherte Entenbrust besonders gut.

»Die Vichyssoise wurde 1910 im New Yorker Ritz-Carlton erfunden.«

Beeftea mit Kaviar

Für 4 Portionen:
600 g Rinderhesse
1 Möhre
1/2 Knollensellerie
1 Stange Porree
2 Tomaten
2 Schalotten
1/2 Lorbeerblatt
5 weiße Pfefferkörner
1/2 Bund Petersilie
1/2 l Wasser
4 EL Crème fraîche
Salz und Cayennepfeffer
1 Spritzer Limonensaft
4 EL Kaviar

Rinderhesse mit geschältem Gemüse und Schalotten durch die große Scheibe des Fleischwolfes drehen. Gewürze und grob gehackte Petersilie dazugeben, alles in ein Einweckglas füllen und gut verschließen. Den Boden eines hohen Topfes mit Backpapier oder Stoff auslegen, um das Platzen des Glases zu verhindern, dann das Einweckglas darauf stellen, mit Wasser bis obenhin bedecken und aufkochen. Anschließend Hitze reduzieren und etwa 3 1/2 Stunden ziehen lassen. Dann das Glas aus dem Wasserbad nehmen, 30 Minuten rasten lassen und passieren. Beeftea portionsweise in Suppentellern anrichten und im Kühlschrank gelieren lassen. Crème fraîche mit Salz, Cayennepfeffer und Limonensaft abschmecken. Je 1 Esslöffel Crème fraîche auf je einen Beeftea geben und mit Kaviar vollenden.
Mein Tipp: Als Geschmacksträger eignen sich auch Steinpilze oder Pfifferlinge, wobei statt Rinderhesse zur Abwechslung auch Geflügelfleisch verwendet werden kann.

Russe oder Perser?

Allen kaviarverliebten Zaren zum Trotz waren es ganz eindeutig die Perser, denen der Kaviar seinen Namen verdankt. »Chav-Jar« nannten sie den Fischrogen damals, was soviel wie Kuchen oder Kraftstück bedeutet. Von den Persern übernahmen dann erst andere Völker die Sitte, festliche Bankette, wie Aristoteles berichtet, nicht nur mit Fanfarenstößen, sondern auch mit Kaviarplatten zu krönen, die man zuvor mit Blumen geschmückt hatte.

Klare Ochsenschwanzsuppe

Für 4–6 Portionen:
1 kg gliedweise geschnittener Ochsenschlepp
60 g Butterschmalz
2 Möhren
1/2 Knollensellerie
1 Stange Porree
1 Zwiebel
1/8 l Weißwein
3 l Wasser
Salz
5 Pfefferkörner
1 Lorbeerblatt
1 Prise geriebene Muskatnuss
5 cl Madeira oder trockener Sherry

Ochsenschlepp waschen und trockentupfen. In einem großen Topf Butterschmalz erhitzen und Fleisch darin beidseitig anbraten. Geschältes, gewaschenes Gemüse und Zwiebel in Würfel schneiden und mitrösten, mit Wein ablöschen und mit Wasser aufgießen. Gewürze beigeben, aufkochen und abschäumen. Hitze reduzieren und leicht köchelnd etwa 3 bis 4 Stunden weich kochen, bis sich das Fleisch mühelos vom Knochen lösen lässt. Fleisch in kleine Würfel schneiden und warm stellen. Suppe durch ein Sieb passieren, mit Sherry oder Madeira aromatisieren, eventuell nochmals abschmecken. Mit dem warm gehaltenen Ochsenschlepp servieren.
Mein Tipp: Als Einlage eignen sich außer dem verwendeten Fleisch auch noch Gemüsewürfel oder Schinkenknödel (s. S. 55).

Rinderkraftbrühe oder Rinderbouillon (Grundfond für Consommés)

Für 6 Portionen:
300 g Rindermarkknochen
600 g saftig durchwachsenes Rindfleisch, z. B. Brust
Salz
3 l kaltes Wasser
2 Zwiebeln mit Schale
2 Möhren
1/2 Knollensellerie
1 Stange Porree
2 Lorbeerblätter
5 Pfefferkörner
1 Msp. Liebstöckel
1 Prise geriebene Muskatnuss
Schwarzbrot und Schnittlauch nach Belieben

Zuerst aus den Rindermarkknochen das Mark entfernen und in kaltes Wasser legen. Rinderknochen und Fleisch in kochendem Salzwasser blanchieren, abgießen und mit kaltem Wasser abschrecken. Knochen und Fleisch in einen hohen Topf geben, mit kaltem Wasser auffüllen und zum Kochen bringen. Aufsteigenden Schaum abschöpfen. Auf kleiner Flamme rund 2 bis 2 1/2 Stunden leicht wallend kochen. Ungeschälte Zwiebeln halbieren, in einer Pfanne ohne Zugabe von Fett sehr dunkel rösten und in die Suppe geben. Gemüse schälen, waschen, mit einem Garn zusammenbinden und 1 Stunde vor dem Garungsende mit den Gewürzen (außer Salz und Muskatnuss) beigeben. Bei Bedarf etwas Wasser nachfüllen – nach dem Passieren sollen etwa 1,8 l Flüssigkeit vorhanden sein. Suppe abseihen, mit Salz und Muskat abschmecken. Rindermark in dünne Scheiben schneiden und entweder als Einlage in die heiße Suppe geben oder, auf Schwarzbrot überbacken und mit Schnittlauchröllchen bestreut, zur Suppe reichen.

Mein Tipp: Wird die passierte Bouillon über Nacht im Kühlschrank aufbewahrt, so setzt sich das Fett an der Oberfläche ab und kann somit ohne Probleme entfernt werden.

Consommé (Geklärte Kraftbrühe)

Für 4 Portionen:
1 Möhre
1/2 Knollensellerie
1 Stange Porree
400 g Rinderhesse
1/2 Bund Petersilie
4 Eiweiß
10 Eiswürfel
1 Lorbeerblatt
5 Pfefferkörner
1,8 l Rinderbouillon (Rinderkraftbrühe, s. nebenstehendes Rezept)
Salz

Gemüse waschen und putzen, mit der Rinderhesse durch die große Scheibe des Fleischwolfes drehen, Petersilie waschen und im Ganzen zur Masse geben. Nun Eiweiß, Eiswürfel, Lorbeerblatt und Pfefferkörner unterrühren und etwa 1 Stunde in den Kühlschrank stellen. Kalte Rinderbouillon in einen hohen Topf gießen, den Kläransatz dazugeben und unter ständigem, leichtem Rühren langsam aufkochen. Sobald sich ein Klärkuchen gebildet hat, Hitze reduzieren und weitere 1 1/2 Stunden leicht sieden lassen. Beiseite stellen, wodurch der Klärkuchen zu Boden sinkt. Consommé durch ein feines Sieb seihen und mit Salz abschmecken.

Consommé im Restaurant

Wussten Sie, dass die Bezeichnung Restaurant auf eine Suppe zurückgeht?
Es handelt sich um die im 18. Jahrhundert in Paris erfundene »Consommé restaurant« – eine Kraftbrühe, mit der man die Lebensgeister wiederherstellen, sprich »restaurieren« konnte. Als man in den »Restaurant« genannten Suppenanstalten allmählich dazu überging, auch andere Gerichte zu reichen, wurde schließlich unser heutiges Restaurant daraus.

Klare Kartoffelsuppe

Für 4–6 Portionen:
3 große, mehlig kochende Kartoffeln
2 mittelgroße Möhren
4 Schalotten
3 Stangen Frühlingsporree
50 g durchwachsener Speck
1 1/2 l Rinderbouillon (s. nebenstehendes Rezept)
1 Lorbeerblatt
1 TL Kümmel
1 Msp. Liebstöckel
1 Prise geriebene Muskatnuss
Salz und weißer Pfeffer aus der Mühle
2 EL gehackte Petersilie
2 EL Schnittlauchröllchen

Kartoffeln und Möhren schälen, waschen und in kleine Würfel schneiden. Schalotten schälen und fein schneiden, Lauch waschen und ebenfalls schneiden. Speck in Würfel schneiden, in einem Topf anschwitzen, Schalotten und Lauch mitanschwitzen, Kartoffeln und Möhren hinzufügen, mit Rinderbouillon auffüllen, Lorbeer, Kümmel und Liebstöckel zugeben, mit Muskatnuss, Salz und Pfeffer abschmecken und alles gar köcheln. Mit Petersilie und Schnittlauch bestreuen.
Mein Tipp: Als zusätzliche Einlage passen auch Leber- oder Kalbsbriesknödel (s. S. 57 und 99).

Tauben-Consommé

Für 4 Portionen:
2 extra große Bresse-Tauben
1/4 l Consommé zum Pochieren
1 Bund Mirepoix (Porree, Sellerie, Möhren, Zwiebel in Würfeln)
1 Lorbeerblatt
10 Pfefferkörner
2 l Heller Geflügelfond (s. S. 62)
60 ml Cream-Sherry
Salz

Von den Tauben die Keulen abschneiden, Herzen entfernen und anschließend sauber auswaschen. Brüste an der Karkasse mit der Haut nach unten in die etwa 90 °C heiße Consommé legen und je nach Größe 8 bis 10 Minuten blutig pochieren. Taubenbrüste von der Karkasse lösen und in längliche Streifen schneiden. Herzen säubern, halbieren und pochieren. Brust und Herzen kalt stellen. Brustkarkassen und Keulen klein hacken und im heißen Backofen trocken anrösten, Mirepoix kurz mitrösten und alles auf einem Sieb abtropfen lassen. Karkassen samt Gemüse und Gewürzen in einen Topf geben und mit dem kalten Geflügelfond und der restlichen Consommé aufgießen. Alles unter ständigem Abschöpfen des Schaums 3 Stunden leise köcheln lassen. Suppe durch ein Tuch passieren und mit Salz und Sherry abschmecken. Bruststreifen und Herzen in vorgewärmten Tellern anrichten und mit heißer Consommé übergießen.
Mein Tipp: Veredeln Sie diese Consommé durch einen feinen Eistich (s. S. 56) als Einlage.

»Wenn der Braten ein Roman ist, dann ist die Suppe reine Poesie.«

»Sellerie strafft und Kastanien stimulieren den Appetit.«

Kastanien-Crèmesuppe mit Sellerie

Für 4 Portionen:
16 Maronen
50 g Knollensellerie
50 g Butter
2 cl weißer Portwein
3/4 l Heller Geflügelfond (s. S. 62)
Salz und weißer Pfeffer aus der Mühle
125 g Sahne
2 EL geschlagene Sahne

Maronen mit einem Messer kreuzweise einschneiden und auf ein Backblech legen. Im vorgeheizten Backofen bei 200 °C rösten, bis die Schale aufspringt und sich ablösen lässt. Sellerie schälen und in kleine Würfel schneiden, Butter in einem Topf erhitzen, Sellerie und die geschälten Maronen anschwitzen, mit Portwein ablöschen und mit der Hälfte des Geflügelfonds auffüllen. Salzen, pfeffern und zugedeckt weich dünsten. Anschließend pürieren und durch ein Sieb streichen. Püree mit der Sahne und dem restlichen Geflügelfond verrühren, wieder erhitzen und gegebenenfalls nochmals abschmecken. Vor dem Servieren mit geschlagener Sahne mixen.

Mein Tipp: Als Einlage harmonieren zu dieser Suppe Getrüffelte Fasanenravioli (s. S. 55), Scheiben von geräucherter Gänsebrust oder Würfel von Kasseler.

Suppe von frischen Erbsen

Für 4–6 Portionen:
3–4 Schalotten
2 EL Butter
500 g frische Erbsenschoten
1/4 l Weißwein
3/4 l Heller Geflügelfond (s. S. 62)
Salz und Pfeffer aus der Mühle
2 EL Crème fraîche

Schalotten schälen und würfeln, die Butter in einem Topf zergehen lassen und die Schalottenwürfel darin anschwitzen. Erbsen auslösen, dazugeben und leicht mitanschwitzen, ohne dass sie Farbe annehmen. Mit Weißwein ablöschen, mit 1/2 l Geflügelfond aufgießen, mit Salz und Pfeffer würzen und die Erbsen im Fond weich kochen. Anschließend die Suppe mit einem Mixstab pürieren und den restlichen Geflügelfond zur Regulierung der Konsistenz hinzugeben. Nochmals mit Salz und Pfeffer, eventuell mit etwas Weißwein abschmecken und mit Crème fraîche verfeinern.

Mein Tipp: Diese Erbsensuppe lässt sich etwa durch Hummerscheiben als Einlage zu einer köstlichen Vorspeise veredeln. Die doppelte Suppenmenge und beispielsweise Scheiben von Lyoner Wurst als Einlage geben wiederum eine kräftige, deftige Hauptspeise ab.

Kastanien für Venuskinder

In Mittelalter und Renaissance galten Edelkastanien sowohl als »Brot der Armen« als auch als »Lustobjekt«. Die Kastanienbräterin zählte daher zu den so genannten »Venuskindern«, worunter man jene Mädchen verstand, die zwar nicht unmittelbar der Prostitution nachgingen, aber doch in Wirtshäusern und verrufenen Badestuben ihre Waren feilboten.

Kürbissuppe mit Kürbiskernöl

Für 4–6 Portionen:
2 EL gehackte Schalotten
5 EL Olivenöl
150 g Möhren
2 EL Sellerie
2 EL Porree
220 g Kürbis
Gewürzbeutel mit Lorbeerblatt, Piment und Pfefferkörnern
1 Thymianzweig
700 ml Consommé (s. S. 42)
200 g Sahne
Salz, Cayennepfeffer
1 Spritzer Zitronensaft
50 ml Apfel-Balsam-Essig
50 ml Kürbiskernöl

Schalotten schälen, hacken und in Olivenöl glasig anschwitzen. Möhren und Sellerie schälen, mit dem geputzten Porree in Würfel schneiden, dazugeben und alles 7 bis 8 Minuten rösten. Geschälten Kürbis ebenfalls in Würfel schneiden, mit dem Gewürzbeutel und Thymian zum Gemüse geben und mitanschwitzen. Mit Consommé auffüllen und Gemüse weich kochen. Gewürzbeutel und Thymian entfernen, Sahne einrühren, aufkochen lassen und mit dem Pürierstab mixen. Suppe passieren und mit Salz, Cayennepfeffer und Zitronensaft abschmecken. Vor dem Servieren Essig unterrühren. Suppe in vorgewärmte tiefe Teller füllen und jeweils mit ein paar Tropfen Kürbiskernöl verfeinern.
Mein Tipp: Würfel vom Räucheraal und frisch geröstete Weißbrotwürfel lassen diese Kürbissuppe raffinierter schmecken.

Spinatsuppe

Für 4 Portionen:
250 g frischer Spinat
80 g Rucola
Salz
2 Schalotten
etwas Butter zum Andünsten
$^3/_4$ l Heller Geflügelfond (s. S. 62)
70 g Sahne
3 EL Crème fraîche
weißer Pfeffer aus der Mühle
1 Prise geriebene Muskatnuss
1 Spritzer Zitronensaft
50 g kalte Butterwürfel

Spinat und Rucola putzen, waschen, in Salzwasser kurz blanchieren, in Eiswasser abschrecken und abtropfen lassen. Schalotten schälen, fein hacken, in etwas Butter anschwitzen und mit Fond aufgießen. Den blanchierten Spinat und die Rucola beigeben und mit dem Stabmixer pürieren. Sahne und Crème fraîche einmengen, mit Salz, Pfeffer, Muskatnuss und Zitronensaft würzen. Kalte Butterwürfel einmixen und sofort servieren.
Mein Tipp: Durch pochierte Wachteleier, geröstete Weißbrotwürfel, gebratene oder pochierte Fischfilets, Muscheln oder Austern als Einlage lässt sich diese Spinatsuppe beliebig variieren.

Sauerampfersuppe mit Lachs

Für 4 Portionen:
2 mittelgroße, mehlig kochende Kartoffeln
250 g Sauerampferblätter ohne Stiele
2 EL Butter
80 ml trockener Weißwein
$^1/_2$ l Heller Geflügelfond (s. S. 62)
1 Becher Crème fraîche (150 g)
Salz und Cayennepfeffer
Saft von $^1/_2$ Limone
Für die Einlage:
4 Scheiben gebeizter Lachs

Kartoffeln mit Schale weich kochen. Inzwischen Sauerampfer waschen, abtropfen lassen, die Hälfte in feine Streifen schneiden. Butter schmelzen, ungeschnittenen Sauerampfer und Weißwein zugeben und kurz dünsten. Kartoffeln schälen und noch warm gemeinsam mit dem Geflügelfond untermengen. Alles im Mixer oder mit dem Mixstab pürieren und durch ein feines Sieb passieren. Suppe wieder erhitzen, Crème fraîche unterrühren und mit Salz, Cayennepfeffer und Limonensaft kräftig abschmecken. Lachs in feine Streifen schneiden und in die Suppe geben. Mit geschnittenen Sauerampferstreifen garniert servieren.

Selleriesuppe

Für 4 Portionen:
1 Staudensellerie
3 Schalotten
50 g Butter
5 cl Noilly-Prat
Salz und weißer Pfeffer aus der Mühle
1 Prise geriebene Muskatnuss
1/2 l Selleriefond (s. S. 64)
125 g Crème fraîche
50 g Rouquefort-Käse

Sellerie zerteilen, waschen und zarte Blättchen für die Garnitur beiseite legen. Harte Haut der Selleriestangen mit einem Messer von der Wurzel zum Blatt hin abziehen. Stangen in grobe Stücke schneiden. Die geschälten Schalotten fein hacken und in heißer Butter farblos anschwitzen. Sellerie, Noilly-Prat, Salz, Pfeffer und Muskatnuss hinzufügen, Deckel auflegen und alles weich dünsten. Dann mit Fond aufgießen, aufkochen lassen, Crème fraîche und Käse einrühren und alles im Mixer oder mit dem Mixstab pürieren. Durch ein feines Sieb passieren und Suppe vor dem Servieren mit den beiseite gelegten Sellerieblättern garnieren.

Legierte Spargelcrèmesuppe

Für 4 Portionen:
4 EL Butter
4 EL Mehl
1/2 l Spargelfond (s. S. 64)
1/8 l trockener Riesling
Salz
1 Msp. Cayennepfeffer
1 Prise Zucker
125 g Crème fraîche
1 Eigelb
3 cl Orangensaft
1 Prise geriebene Muskatnuss

Butter erhitzen, Mehl darin leicht anschwitzen. Unter ständigem Rühren erst mit einem Drittel kalten Spargelfond ablöschen, glatt rühren und dann den restlichen Fond und Wein hinzufügen. Unter ständigem Rühren aufkochen, Suppe mit Salz, Cayennepfeffer und Zucker würzen und etwa 10 Minuten köcheln lassen. Durch ein feines Sieb passieren. Crème fraîche und Eigelb verrühren, etwas von der Suppe zugießen und anschließend in die nicht mehr kochende Spargelsuppe einrühren. Vor dem Servieren mit Orangensaft, Salz und Muskatnuss abschmecken.

Mein Tipp: Gekochte Spargelspitzen oder Büsumer Krabben machen sich in dieser dezenten Crèmesuppe besonders gut.

Kräutercrèmesuppe

Für 4 Portionen:
1 Bund glatte Petersilie
6 Estragonzweige
1/2 Bund Brunnenkresse
1 Bund Kerbel
1 Bund Schnittlauch
1/2 l Heller Geflügelfond (s. S. 62)
50 ml Riesling
100 g Sahne
Salz und Cayennepfeffer
1/8 l Sauce hollandaise (s. S. 67)

Kräuter zupfen, Stiele beiseite legen, Blätter waschen, abtropfen lassen und fein hacken. Schnittlauch fein schneiden. Geflügelfond erhitzen, gewaschene Kräuterstiele dazugeben, 30 Minuten ziehen lassen und anschließend passieren. Riesling und Sahne zugießen und um ein Drittel einkochen lassen. Gehackte Kräuter und Schnittlauch dazugeben, mit Salz und Cayennepfeffer abschmecken, Sauce hollandaise einrühren, wobei die Suppe nicht mehr kochen darf, weil die Sauce sonst gerinnt.

Mein Tipp: Hummerscheiben oder Krebsschwänze eignen sich besonders gut als Einlage.

Knollensellerie gibt Suppen eine charakteristische Grundwürze. Hier wird in Würfel geschnittener Sellerie für die Kastaniencrèmesuppe (Seite 45) in Butter angeschwitzt.

»Muscheln hineinlegen, mit
Riesling ablöschen,
Lorbeer und Thymian hinzufügen ...«

Legierte Miesmuschelsuppe

Für 4 Portionen:
1 kg Miesmuscheln
2 Schalotten
Olivenöl zum Anschwitzen
1/4 l Riesling
1 Lorbeerblatt
1 Thymianzweig
1 mittelgroße Möhre
1/4 Knolle Fenchel
50 g Staudensellerie
2 Stangen Frühlingsporree
Muschelfond vom Dünsten der Muscheln
1/2 l Fischfond **(s. S. 61)**
3 EL Crème fraîche
125 g Sahne
10 Safranfäden
Salz und weißer Pfeffer aus der Mühle
1 Prise Muskatnuss
1 Eigelb

Die Miesmuscheln säubern, putzen und diejenigen mit geöffneten Schalen aussortieren. Die Schalotten schälen, fein hacken und in einem großen Topf in etwas Olivenöl anschwitzen. Muscheln hinzufügen, mit Riesling ablöschen, Lorbeer und Thymian dazugeben und zugedeckt etwa 10 Minuten dünsten. Muschelfleisch auslösen, beiseite legen, entstandenen Fond durch ein Sieb seihen und aufbewahren. Gemüse putzen und schälen, in dünne Streifen schneiden, in etwas Olivenöl anschwitzen, mit Muschel- und Fischfond aufgießen und aufkochen. Crème fraîche und zwei Drittel der Sahne sowie Safranfäden hinzufügen und etwas reduzieren. Mit Salz, Pfeffer und Muskatnuss abschmecken. Vor dem Servieren die restliche Sahne mit Eigelb verrühren, in die kochende Suppe einrühren und sofort vom Herd nehmen, da das Eigelb sonst ausflockt. Muschelfleisch als Einlage in die Suppe geben und sofort servieren.

»Aaln bin«

Die Hamburger Aalsuppe, hier in einer wesentlich »erleichterten« Variation, ist allein schon wegen der beim traditionellen Rezept obligatorischen Schwemmklößchen eine schwere Kost. Die Klößchen waren übrigens früher sogar wichtiger als der Aal, der erst viel später in die Suppe kam. Ihren Namen hat die Aalsuppe nämlich von »aaln bin« – was auf Plattdeutsch so viel heißt wie: »Alles drin.«

Hamburger Aalsuppe auf andere Art

Für 6–8 Portionen:
1 Ostsee-Aal, ca. 800 g
2 Möhren
1/2 Knollensellerie
1 Stange Porree
Salz
2 Zwiebeln
2 l Consommé **(s. S. 42)**
300 ml Cream-Sherry
3 Lorbeerblätter
2 Äpfel
2 Birnen
12 Backpflaumen
Salz und Pfeffer aus der Mühle
1 Spritzer Zitronensaft

Den Aal filieren und Filets in gleichmäßige, etwa 1 cm große Stücke schneiden. Möhren und Sellerie schälen, mit dem geputzten Porree zur Hälfte in Rauten schneiden und in Salzwasser knackig blanchieren. Die andere Hälfte in kleine Würfel schneiden. Ungeschälte Zwiebeln halbieren und ohne Fett dunkel rösten. Aalgräten und Haut mit Gemüsewürfeln und Zwiebeln in einen Topf geben, mit Consommé und Cream-Sherry auffüllen, Lorbeerblätter dazugeben und alles 1 Stunde knapp unter dem Siedepunkt ziehen lassen. Äpfel und Birnen schälen, tournieren, Backpflaumen entkernen und halbieren. Etwa 1/8 l Suppe abschöpfen, Apfel- und Birnenstücke, Gemüserauten und Backpflaumen darin erhitzen. Aalsuppe durch ein feines Tuch passieren, mit Salz, Pfeffer und Zitronensaft abschmecken und heiß stellen. Aalstücke, Äpfel, Birnen, Pflaumen und Gemüserauten in tiefen Tellern anrichten und mit heißer Suppe auffüllen.

»Champagner, Austern
und Crème fraîche bereiten dem
Gaumen ein Fest.«

Champagnersuppe

Für 6–8 Portionen:
36 Austern
1/4 l weißer Süßwein
3/4 l weißer Burgunder
200 g Crème fraîche
200 ml Champagner
Salz und Cayennepfeffer
1/4 l Sauce hollandaise (s. S. 67)

Die Austern aufbrechen, herauslösen und dabei die Flüssigkeit (Austernwasser) auffangen. Bart von den Austern entfernen und Austern in einem Teil des Austernwassers warm stellen. Burgunder und Süßwein in einem Topf aufkochen, auf die Hälfte reduzieren, restliches Austernwasser und Crème fraîche dazugeben und nochmals aufkochen. Sauce hollandaise einrühren – die Suppe darf jetzt nicht mehr kochen, da die Sauce sonst gerinnt – und mit Champagner abschmecken. Austern in Suppentellern anrichten und mit Suppe auffüllen.

Gelierte Rinderessenz mit Kaviar und Crème fraîche

Für 4 Portionen:
1 kg Rinderwade
2 Möhren
1 Stange Porree
1/2 Knollensellerie
2 Zwiebeln
Petersilie
Salz und Pfeffer aus der Mühle
1 Prise geriebene Muskatnuss
100 g Crème fraîche
1 Spritzer Limonensaft
Caspian Imperial Caviar nach Belieben

Das Fleisch grob schneiden. Möhren, Porree und Sellerie schälen und waschen. Ungeschälte Zwiebeln ohne Fett dunkel rösten und alles gemeinsam mit Fleisch und Petersilie gut mit kaltem Wasser (2 cm über der Einlage) bedecken. Langsam aufkochen lassen und 1 bis 2 Stunden bei mäßiger Hitze ziehen lassen. Dabei hin und wieder Trübstoffe und Fette abschöpfen. Suppe passieren, mit Salz, Pfeffer und Muskatnuss abschmecken, in Gläser füllen und kalt stellen. Crème fraîche mit Limonensaft, Salz und Pfeffer glatt rühren und auf die gelierte Essenz geben. Den Kaviar als Krönung obenauf drapieren.

Erbsenrahmsuppe mit Hummer

Für 4 Portionen:
1 kg Erbsenschoten
Salz
2 Schalotten
50 g Butter
Pfeffer aus der Mühle
1 Prise Zucker
100 ml Noilly-Prat
600 ml Heller Geflügelfond (s. S. 62)
1 Becher Crème fraîche (150 g)
1/4 Knollensellerie
1 Zwiebel
1 Stange Porree
2 Möhren
1 Lorbeerblatt
5 Wacholderbeeren
1 frischer Hummer, ca. 600 g

Erbsen auslösen, einen kleinen Teil als Einlage 1 bis 2 Minuten in Salzwasser kochen, in Eiswasser abschrecken und beiseite stellen. Schalotten schälen, fein schneiden und in der Butter glasig dünsten. Restliche Erbsen zugeben, mit Salz, Pfeffer und Zucker würzen, mit Noilly-Prat ablöschen und mit Geflügelfond auffüllen. Erbsen bei mäßiger Hitze weich kochen. Crème fraîche einrühren und wieder aufkochen lassen. Suppe mixen, passieren und nochmals abschmecken. Für den Hummer ausreichend Wasser zum Kochen bringen. Salz, geputztes und klein geschnittenes Gemüse sowie Lorbeerblatt und Wacholderbeeren zugeben und Hummer 5 Minuten darin kochen. Kurz kalt abschrecken und ausbrechen. Den portionierten, noch warmen Hummer mit den pochierten Erbsen in die Suppenteller geben. Anschließend mit heißer Suppe auffüllen und sofort servieren.

Riesling-Basilikum-Suppe

Für 4–6 Portionen:
400 ml halbtrockener Riesling
1 l Heller Geflügelfond (s. S. 62)
200 g Crème fraîche
200 g Basilikumblätter
50 g Sauce hollandaise (s. S. 67)
Salz und Pfeffer aus der Mühle
etwas geschlagene Sahne

In einem Topf Weißwein mit Geflügelfond aufkochen, auf die Hälfte reduzieren. Crème fraîche einrühren, aufkochen lassen, gezupfte Basilikumblätter waschen, dazugeben und alles fein mixen. Nochmals erhitzen und Sauce hollandaise und geschlagene Sahne unterziehen. Nicht mehr kochen! Mit Salz und Pfeffer abschließend abschmecken.
Mein Tipp: In diese fein aromatische Suppe passen alle Krustentiere, aber auch Poulardenbrust- oder Putenbruststreifen vorzüglich als Einlage.

Kalte Blumenkohlsuppe mit Räucherlachs

Für 4–6 Portionen:
5 Schalotten
100 g Butter
1 Kopf Blumenkohl
Salz
Saft von 1 Limone
1 l Heller Geflügelfond (s. S. 62)
125 g Sahne
200 g Crème fraîche
1 Prise geriebene Muskatnuss
Cayennepfeffer
Räucherlachsstreifen für die Einlage

Schalotten schälen, fein schneiden und in einem Topf mit zerlassener Butter anschwitzen. Den gewaschenen, in Röschen gezupften Blumenkohl dazugeben und – ohne Farbe nehmen zu lassen – mitrösten. Mit Salz und Limonensaft würzen, mit Geflügelfond auffüllen und Blumenkohl weich kochen. Sahne einrühren, nochmals kurz aufkochen und fein mixen. Während des Mixens Crème fraîche nach und nach zugeben. Mit Muskatnuss, Cayennepfeffer und Salz abschmecken. Durch ein feines Spitzsieb passieren und kalt stellen. Sollte die Suppe vor dem Passieren zu dick sein, mit etwas kaltem Geflügelfond verdünnen. Räucherlachsstreifen in Tellern anrichten, mit der kalten Suppe auffüllen und servieren.
Mein Tipp: Statt der Räucherlachsstreifen harmoniert auch echter Kaviar hervorragend mit dieser Blumenkohlsuppe.

Steckrübensuppe mit Lammkasseler

Für 6 Portionen:
500 g Steckrüben
200 g Kartoffeln
2 Zwiebeln
1 Stange Porree (nur das Weiße)
500 g Karree vom Lammkasseler
3 EL Olivenöl
1 1/2 l Rinderkraftbrühe (s. S. 42)
1/2 TL getrockneter Majoran
2 Lorbeerblätter
1 Bund glatte Petersilie
Salz und weißer Pfeffer aus der Mühle

Steckrüben und Kartoffeln schälen, in 3 cm lange und 1 cm dicke Stifte schneiden. Geschälte Zwiebeln würfeln, Porree in Ringe schneiden. Lammkarree auf der Unterseite einige Male einschneiden, in heißem Öl von beiden Seiten leicht anbraten und herausnehmen. Zwiebeln, Steckrüben, Kartoffeln und Porree kurz im Öl anschwitzen und mit der Rinderkraftbrühe ablöschen. Lammkasseler, Kräuter, die Hälfte der gehackten Petersilie mit allen Gewürzen bis auf Salz zugeben und bei milder Hitze 30 Minuten köcheln lassen. Kasseler herausheben und in Scheiben schneiden. Suppe mit Salz abschmecken, mit restlicher gehackter Petersilie bestreuen und mit Lammkasseler anrichten.

Nichts gegen Steckrüben

Die Steckrübe, auch Kohlrübe genannt, hatte es in der feinen Küche lange Zeit nicht leicht, da ihr der Ruf des allzu Ärmlichen anhaftete. Der Grund dafür ist kaum noch bekannt: Der Winter in den Kriegsjahren 1917/18 ging allgemein als »Steckrübenwinter« in die Historie ein, weil es damals sonst nichts zu essen gab.

Périgord-Trüffel in Champagner

Für 4 Portionen:
4 schwarze Périgord-Trüffeln, à 30–40 g
1/4 l Champagner
1/8 l Beerenauslese
1 Prise Salz
250 g Sahne
4 EL Crème fraîche
50 g eiskalte Butterwürfel

Trüffeln in einem Topf mit Champagner, Beerenauslese und Salz aufkochen. Den Topf mit Alufolie verschließen, 20 Minuten in den 200 °C heißen Backofen stellen und die Trüffeln garen (sind die Trüffeln größer, pro 10 g 5 Minuten länger garen). Trüffeln herausnehmen und beiseite stellen. Den gewonnenen Sud um ein Drittel einkochen lassen, Sahne eingießen und ebenfalls um ein Drittel reduzieren. Crème fraîche und kalte Butter untermengen und verrühren. Ganze Trüffeln in je einen Suppenteller legen und mit Suppe auffüllen.

Steinpilzconsommé mit Taubenbrust

Für 4–6 Portionen:
1 l Consommé (s. S. 42)
2 ausgenommene Tauben, à 350–450 g
2 Eiweiß
250 g durch den Fleischwolf gedrehtes Klärfleisch (von der Rinderhesse)
100 g Wurzelgemüse
Öl zum Anschwitzen
250 g Steinpilze
5 Pfefferkörner
1 Lorbeerblatt
2 Pimentblätter
2 kleine Thymianzweige
Salz

Consommé auf 80 °C erhitzen, die sauber gewaschenen Tauben einlegen und 7 bis 9 Minuten garen, herausnehmen und in Eiswasser abschrecken. Consommé vollständig erkalten lassen. Das Eiweiß aufschlagen und unter das Klärfleisch mischen. Wurzelgemüse putzen, in Würfel schneiden und in einer Kasserolle in etwas Öl heiß anschwitzen. Geputzte Steinpilze mit Gewürzen zugeben und mitanschwitzen. Klärfleischmasse mit der Consommé verrühren, zu den Steinpilzen gießen und alles auf höchster Stufe einmal aufkochen lassen. Hitze reduzieren und etwa 30 Minuten leicht sieden lassen. Die Suppe durch ein Sieb passieren und mit Salz abschmecken. Taubenbrüste auslösen, in Scheiben schneiden und vor dem Servieren noch kurz in der Suppe ziehen lassen.

Mein Tipp: Als Einlage empfehlen sich Pfifferlingsschöberln (s. S. 56).

»... die ganzen Trüffeln in einen Suppenteller legen und mit Champagnersuppe auffüllen.«

»Wer keinen Knödel isst, hat den ganzen Tag Hunger.«
Süddeutsches Sprichwort

Schinkenknödel

Für 4 Portionen:
2 Zwiebeln
2 EL Butter
100 g gekochter Schinken
150 g Weißbrot
2 Eier
1 EL gehackte Petersilie
100 ml Milch
Salz
1 Prise geriebene Muskatnuss

Die geschälten Zwiebeln in kleine Würfel schneiden und in einer Pfanne in heißer Butter anschwitzen. Schinken und Weißbrot ebenfalls kleinwürfelig schneiden, Schinken mit den Zwiebeln kurz mitrösten. Weißbrot mit Eiern, Petersilie und der Schinkenmasse vermengen, Milch lauwarm erhitzen und zur Weißbrotmasse gießen, mit Salz und Muskatnuss abschmecken. Masse 20 Minuten ziehen lassen und dann mit befeuchteten Händen kleine Knödel formen. Reichlich Salzwasser zum Kochen bringen, Knödel einlegen, einmal aufkochen und 15 Minuten ziehen lassen.

Mein Tipp: Außer als Suppeneinlage eignen sich die Schinkenknödel sowohl als Beilage zu Fleischgerichten als auch – etwa in Begleitung von Sauerkraut – als eigenständiges Hauptgericht.

Getrüffelte Fasanenravioli

Für 4 Portionen:
Gelber Nudelgrundteig nach Rezept (s. S. 93)
Mehl für die Arbeitsfläche
1–2 verquirlte Eigelbe zum Bestreichen
Für die Fülle:
250 g entsehnte und enthäutete Fasanenbrüste
1 TL Cognac
1 Prise geriebene Muskatnuss
Salz und weißer Pfeffer aus der Mühle
250 g Sahne
50 g Gänsestopfleber
300 ml Dunkler Geflügelfond, (s. S. 62), reduziert auf 100 ml
30 g Périgord-Trüffeln
1 Apfel
1 EL Butter

Für die Fülle zunächst Fasanenbrüste in kleine Würfel schneiden, mit Cognac, Muskatnuss, Salz und Pfeffer aromatisieren und etwa 1 Stunde kühlen. Pürieren, Sahne langsam zugießen, die gewürfelte Gänsestopfleber und kalte Jus zugeben und nochmals kurz pürieren. Durch ein feines Sieb streichen. Trüffeln und Apfel in feine Würfel schneiden, in Butter anschwitzen, erkalten lassen und unter die Farce mischen. Nudelteig mit der Nudelmaschine dünn ausrollen, halbieren, auf eine bemehlte Arbeitsfläche legen und mit verquirltem Eigelb bestreichen. Farce in einen Spritzsack mit einer Lochtülle füllen und in Abständen auf den Nudelteig spritzen. Andere Teighälfte darüber legen, fest andrücken, mit einem runden Ausstecher Ravioli ausstechen und diese in leicht kochendem Salzwasser 4 Minuten garen.

Mein Tipp: Werden die Ravioli als Zwischengericht serviert, sollte man sie vorher noch in aufgeschäumter Butter schwenken.

Hülle und Fülle

Die Ravioli sind die italienische Antwort auf die französische Pastete und spielen wie diese mit Form und Inhalt, Hülle und Fülle, Sein und Schein. Selbstverständlich muss es nicht immer Fasan sein, mit dem sie gefüllt werden. Es eignen sich auch Fische, Schalentiere, Pilze und Gemüse. Leckerer als in einem feinen Nudelteig kann man diese Zutaten kaum verstecken.

Flädle

Für 4–6 Portionen:
1/8 l Milch
1 Ei
5 EL Mehl (Type 405)
Salz
Butterschmalz zum Backen

Milch mit Ei und Mehl nach und nach glatt verrühren und salzen. In einer Palatschinkenpfanne wenig Butterschmalz erhitzen. Nur so viel Teig einlaufen lassen, dass der Pfannenboden dünn bedeckt ist, anbacken, mit einer Palette wenden, abermals kurz backen und herausnehmen. Diesen Vorgang wiederholen, bis der Teig verbraucht ist. Erkaltete Pfannkuchen einrollen, in feine Streifen schneiden.

Bröselknödel

Für 4–6 Portionen:
100 g Butter
1 Eigelb
1 Ei
Salz und weißer Pfeffer aus der Mühle
1 Prise geriebene Muskatnuss
200 g Brösel aus entrindetem Weißbrot
3–4 EL Milch
1 EL gehackte Petersilie

Butter schaumig rühren, nach und nach das zimmertemperierte Eigelb und das Ei unterrühren. Mit Salz, Pfeffer und Muskatnuss würzen. Die Weißbrotbrösel mit Milch anfeuchten, mit der Petersilie zur Buttermasse geben und alles gut vermengen. Masse 1 Stunde ruhen lassen. Aus der Masse kleine Knödel formen, in schwach wallendes Salzwasser einlegen und etwa 10 Minuten kochen.
Mein Tipp: Deftiger schmecken die Bröselknödel, wenn die Knödel noch in heißem Butterschmalz gebacken werden.

Bisquit-Schöberln

Für 4–6 Portionen:
3 Eiweiß
3 Eigelb
90 g Mehl
Salz
Butter und Mehl für das Backblech

Eiweiß steif schlagen, Eigelbe und Mehl vorsichtig unterheben und mit Salz würzen. Die Masse auf ein gebuttertes, bemehltes Backblech fingerdick aufstreichen und im vorgeheizten Backofen bei 220 °C etwa 8 bis 10 Minuten backen. Masse überkühlen lassen und in beliebige Formen, beispielsweise Würfel oder Rauten, schneiden.

Pfifferlings-Schöberln

Für 4–6 Portionen:
40 g frische, kleine Pfifferlinge
1 EL gehackte Petersilie
etwas Butter zum Braten
Salz und weißer Pfeffer aus der Mühle
Für die Schöberlmasse:
3 Eiweiß
3 Eigelb
90 g Mehl
Salz
Butter und Mehl für das Backblech

Pfifferlinge sauber putzen, klein hacken. In einer Pfanne etwas Butter aufschäumen, Pfifferlinge darin kurz anschwitzen und auskühlen lassen. Währenddessen für die Schöberlmasse das Eiweiß steif schlagen, Eigelbe und Mehl vorsichtig unterheben und mit Salz würzen. Erkaltete Pfifferlinge und gehackte Petersilie behutsam untermengen und die Masse auf ein gebuttertes, bemehltes Backblech fingerdick aufstreichen. Backofen auf 220 °C vorheizen und Pfifferlingsschöberln etwa 8 bis 10 Minuten backen. Masse überkühlen lassen und in beliebige Formen, beispielsweise Würfel oder Rauten, schneiden.

Eistich

Für 4 Portionen:
1/8 l Rinderkraftbrühe, s. S. 42
(je nach Verwendung auch Geflügel- oder Dunkler Rehfond, s. S. 62 und 64)
2 Eigelb
1 Ei
Salz
1 Prise geriebene Muskatnuss
Öl zum Ausstreichen

Die kalte Rinderkraftbrühe mit Eigelb, Ei und Gewürzen gut verrühren und durch ein Sieb seihen. Eine kleine wannenförmige Auflaufform mit Öl ausstreichen, Masse einfüllen, in ein Wasserbad stellen und bei etwa 80 °C Wassertemperatur zugedeckt so lange pochieren, bis die Masse gestockt ist. Eistich erkalten lassen und je nach Belieben in Würfel oder Rauten schneiden.
Mein Tipp: Für Abwechslung sorgt man, indem man die Eistichmasse mit Spinat oder Tomatenmark einfärbt.

Profiteroles mit Kräuterfrischkäse

Für 6 Portionen:
Brandteig nach Rezept (s. S. 134)
150 g Frischkäse
1 EL Schnittlauchröllchen
1 EL gehacktes Basilikum
1 EL gehackte Petersilie
Olivenscheiben, Paprikawürfel, Pistazien oder Walnusskerne als Garnitur

Aus dem vorbereiteten Brandteig mit einer Sterntülle auf ein Backpapier Rosetten spritzen und die Profiteroles bei 180 bis 200 °C im vorgeheizten Backofen goldgelb backen. Auskühlen lassen. Profiteroles mit einem Sägemesser durchschneiden. Frischkäse mit den Kräutern verrühren und die Profiteroles mithilfe eines Spritzsacks mit Sterntülle mit der Masse füllen. Je nach Vorlieben mit Oliven, Paprikawürfeln, Pistazien oder Walnusskernen garnieren.

Mein Tipp: In leichter Abwandlung können Profiteroles auch aus Mürbteig gebacken werden, wobei sie in beiden Fällen – ganz ohne Suppe – auch eine schmackhafte, kleine Vorspeise abgeben.

Markklösschen

Für 4–6 Portionen:
100 g Rindermark
1 EL Butter
1 Ei
1 Eigelb
150 g entrindetes Weißbrot
60 ml Milch
80 g Weißbrotbrösel
2 EL gehackte Petersilie
Salz
1 Prise geriebene Muskatnuss

Das Rindermark durch ein feines Sieb streichen und mit Butter schaumig rühren. Ei und Eigelb nach und nach unterziehen. Weißbrot in der Milch einweichen, gut ausdrücken, durch ein feines Sieb streichen und mit den Weißbrotbröseln, Petersilie, Salz und Muskatnuss unter das Mark mengen. Masse etwas ruhen lassen. Salzwasser zum Kochen bringen, mit feuchten Händen kleine Klößchen formen und etwa 10 Minuten kochen lassen.

Leberknödel

Für 4 Portionen:
200 g Kalbsleber
2 Schalotten
2 EL Butterschmalz
50 g Weißbrotwürfel
60 ml Milch
50 g Kalbsnierenfett
2 Eier
100 g Semmelbrösel
3 EL gehackte Petersilie
Salz und weißer Pfeffer aus der Mühle
1/2 TL getrockneter Majoran

Leber enthäuten, Schalotten schälen, vierteln und in einer Pfanne in Butterschmalz anrösten, auskühlen lassen. Weißbrotwürfel in Milch einweichen. Kalbsleber, Schalotten und Kalbsnierenfett durch die feine Fleischwolfscheibe drehen. Eingeweichtes, ausgedrücktes Weißbrot, Eier, Semmelbrösel, gehackte Petersilie und Gewürze gut mit der Lebermasse vermengen und 20 Minuten ruhen lassen. Reichlich Salzwasser in einem Topf aufkochen. Zuerst mit feuchten Händen einen Probeknödel formen und diesen etwa 15 Minuten köcheln lassen. Falls die Masse zu weich ist, noch Semmelbrösel zugeben. Knödel formen und 15 Minuten ziehen lassen.

Geräucherte Entenbrust

Für 4 Portionen:
Räuchermehl und Räucherofen (im Angelladen erhältlich)
Olivenöl
1 Entenbrust, à 250 g
Salz und Pfeffer aus der Mühle

Das Räuchermehl im Räucherofen erhitzen. Olivenöl in einer Pfanne heiß werden lassen und die Entenbrust auf der Hautseite etwa 3 Minuten anbraten. Mit Salz und Pfeffer würzen und in den heißen Räucherofen legen. Nach 10 bis 12 Minuten die Entenbrust herausnehmen und hauchdünn aufschneiden.

Mein Tipp: Gänsebrust lässt sich ebenso räuchern, allerdings um 6 bis 8 Minuten länger.

Mit raffinierten Suppeneinlagen lassen sich Feinschmecker verführen und Schlemmer bezaubern.

FONDS UND SAUCEN

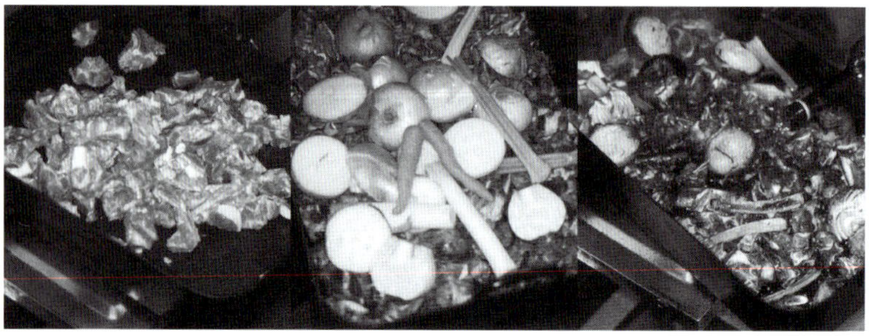

Zum Verständnis des vorliegenden Kochbuchs ist das folgende Kapitel vielleicht das wichtigste: Hier erfahren Sie alles über die Zusammensetzung der wichtigsten Bausteine des Viehhauser'schen »Modulsystems«, das aus einem einzigen Rezept mit etwas Phantasie im Nu eine ganze Fülle von neuen Anwendungen und Rezepten zu zaubern versteht. Bei den Fonds und Saucen handelt es sich nämlich im Zauberkästchen jedes wahren Küchenmagiers um jene Hilfsmittel, denen er seine gelungensten kulinarischen »Zaubertricks« verdankt.

Das Schatzkästlein der guten Köche.

Die Sauce ist (so könnte man in Anlehnung an Clausewitz, und damit für ein so genüssliches Thema fast zu martialisch, sagen) die Fortsetzung der Suppe mit anderen Mitteln. Man kann aber auch den großen französischen Gastrosophen Anthelme Brillat-Savarin bemühen: »Eine gute Sauce in Vollkommenheit zu bereiten, ist das Schwierigste, was es auf dem Gebiet der Kochkunst gibt. Selbst ein gelernter Koch braucht jahrelange Erfahrung als Saucier und bleibt doch ein Stümper, wenn ihm nicht Gastera, die Muse der Tafelfreuden, wohlgesinnt ist.«
Das klingt alles ein wenig komplizierter, als es in der Tat ist. Denn wenn man sich einmal jenes Grundwissen über Fonds und Saucen angeeignet hat, das auf den nächsten Seiten so anschaulich wie ausführlich dargelegt wird, dann kann man sich auch ohne Musenkuss durchaus selbstbewusst ans Werk machen.

Kochen ohne Mehlschwitze.

Wer einmal gelernt hat, wie man Fonds richtig ansetzt, aufbewahrt und im Küchenalltag einsetzt, kann auf kulinarische Mimikry locker verzichten und wird am Schluss bei seinen Gästen immer Erfolge erzielen, da eine gelungene Sauce noch immer jenes gewisse Etwas ist, das den erfahrenen Koch vom Greenhorn unterscheidet. Fast noch wichtiger als zu wissen, wie man Saucen zubereitet, ist es allerdings, zu wissen, wie man sie nicht zubereitet. Man vermeide ungesunde Mehlschwitzen, gehe mit Fett äußerst sparsam um, vermeide tunlichst alles, was nur annähernd nach Fertigsauce oder Instantgericht riecht, lasse die gekörnte Brühe aus dem Spiel und vertraue lieber auf Eigengeschmäcker und natürliche Aromen unverfälschter Produkte. Feine Fonds lassen sich vor allem aus Knochen und Karkassen ziehen, Saucen erzielt man aber auch durch Pürieren oder Einkochen unterschiedlichster Rohstoffe. Man kann Saucen mit Eiern aufschlagen und Bindungen mit Milcheiweiß ebenso erzielen wie mit Olivenöl, Tomatenmark oder Zwiebeln.
Kurzum: Die Saucenküche ist ein weites Land, aber eines, das zu bereisen es sich mit Genuss lohnt.

Noch wichtiger als ein profundes Saucen-Know-how ist es, zu wissen, wie man eine Sauce nicht macht.

»Das Abschmecken mit dem Saucenlöffel ist das A und O der grossen Küche.«

Fischfond

500 g Zwiebeln
2 Stangen Porree (nur das Weiße)
1 Stange Staudensellerie
3 kg Fischgräten, ohne Köpfe (etwa Steinbutt, Seezunge, Seeteufel, Zander)
1 Bund Petersilie
100 g feuchtes Meersalz
10 zerstoßene weiße Pfefferkörner
2 l Wasser
1/2 l trockener Weißwein

Gemüse waschen, schälen und in feine Würfel schneiden. Mit gewässerten Fischgräten, Petersilie und Gewürzen in einen hohen Topf geben. Mit Wasser auffüllen, Wein zugießen, kurz aufkochen und 20 Minuten schwach wallend ziehen lassen. Der Fond darf nicht kochen, da er sonst trüb wird. Währenddessen immer wieder Schaum abschöpfen. Fond durch ein Tuch passieren, kalt stellen und vom kalten Fond das Fett schöpfen.

Aalfond

1 ganzer Ostsee-Aal, ca. 600 g–800 g
1 Möhre
1 Stange Porree
1/2 Knollensellerie
2 l Consommé (s. S. 42)
1 Zwiebel
1 Lorbeerblatt
300 ml Sherry
Salz und Pfeffer aus der Mühle
1 Spritzer Zitronensaft

Den Aal filieren und in 12 gleich große Stücke schneiden. Möhre, Porree und Sellerie putzen und klein hacken. Gräten und Haut mit dem Gemüse kurz anschwitzen und mit Consommé auffüllen. Ungeschälte Zwiebel halbieren, ohne Fett dunkel rösten und mit dem Lorbeerblatt zugeben. Die Consommé auf etwa 800 ml reduzieren, durch ein Tuch passieren und entfetten. Den Sherry auf 100 ml reduzieren und beigeben. Fond am Schluss mit Salz, Pfeffer und Zitronensaft abschmecken.

Krebsfond

2 kg Krebskarkassen
3 EL kaltgepresstes Olivenöl
1 Stange Porree (nur das Weiße)
8 Schalotten
1 Möhre
1/2 Stange Staudensellerie
2 Tomaten
4 cl Cognac
4 cl Noilly-Prat
1 1/2 l Fischfond (s. nebenstehendes Rezept)
1 Estragonzweig
1 EL feuchtes Meersalz
3 zerstoßene weiße Pfefferkörner

Die Karkassen klein hacken und in einem Topf in Olivenöl anrösten. Das Gemüse waschen, schälen, in grobe Würfel schneiden und ebenfalls mitrösten. Mit Cognac und Noilly-Prat ablöschen, den Bratensatz vom Topf lösen und mit Fischfond auffüllen. Estragonzweig, Meersalz und Pfefferkörner zugeben und alles einmal aufkochen lassen. Abschäumen und etwa 1 Stunde ziehen lassen. Dabei immer wieder abschäumen. Fond durch ein Tuch passieren und kalt stellen. Erkalteten Fond bei Bedarf entfetten.

Mein Tipp: Hummer- und Langustenfond lassen sich auf dieselbe Weise herstellen, nur dass eben entweder Hummerkarkassen bzw. Langusten- oder Scampischalen verwendet werden.

Heller Geflügelfond

$1^{1}/_{2}$ kg Geflügelkarkassen
3 l Wasser
1 kg Zwiebeln
1 Staudensellerie
1 Stange Porree (nur das Weiße)
10 zerstoßene weiße Pfefferkörner
1 EL feuchtes Meersalz

Die Karkassen klein hacken, in einen Topf geben, mit Wasser bedecken und aufkochen lassen. Abschäumen. Das Gemüse waschen, schälen und in kleine Würfel schneiden. Zusammen mit den Gewürzen und dem Meersalz dazugeben. Etwa 5 Stunden ohne Deckel ziehen lassen und immer wieder abschäumen. Fond durch ein Tuch passieren, erkalten lassen, dann das Fett abschöpfen.

Dunkler Geflügelfond

$1^{1}/_{2}$ kg Geflügelkarkassen (vorzugsweise Poularde, Ente, Wachtel)
3 EL kaltgepresstes Olivenöl
1 Staudensellerie
2 große Zwiebeln
2 Möhren
5 zerstoßene weiße Pfefferkörner
1 Lorbeerblatt
1 EL feuchtes Meersalz
400 ml Madeira
3 l Wasser

Die Geflügelkarkassen klein hacken. Mit Olivenöl in einem Bräter im 200 °C heißen Backofen braun anrösten. Gemüse waschen, schälen, in grobe Würfel schneiden und mit Pfefferkörnern, Lorbeerblatt und Meersalz zu den Karkassen geben. Etwa 30 Minuten weiterrösten. Mit Madeira ablöschen und diesen gänzlich einkochen lassen. Karkassen mit Gemüse und Gewürzen in einen Topf umfüllen, mit Wasser bedecken und etwa 5 Stunden köcheln lassen. Dabei den Schaum wiederholt abschöpfen. Den Fond passieren und nochmals um die Hälfte reduzieren, damit der Fond schön kräftig wird.

Heller Kalbsfond

$1^{1}/_{2}$ kg Kalbsrückenknochen
3 l Wasser
2 Zwiebeln
1 Möhre
2 Stangen Staudensellerie
10 zerstoßene weiße Pfefferkörner
1 Lorbeerblatt
1 EL feuchtes Meersalz
2 Petersilienstängel

Die Knochen klein hacken und in einem Topf mit Wasser kurz aufkochen lassen. Das Gemüse waschen, schälen, in grobe Würfel schneiden und mit den Gewürzen und dem Meersalz in den Topf geben. Fond etwa $1^{1}/_{2}$ Stunden leicht köcheln lassen. Nach 1 Stunde die Petersilienstängel dazugeben. Fond durch ein Tuch passieren, erkalten lassen und dann das Fett abschöpfen.

Dunkler Kalbsfond

$1^{1}/_{2}$ kg Kalbsknochen
250 g geklärte Butter
1 Möhre
2 Stangen Staudensellerie
2 Zwiebeln
3 l Wasser
1 Lorbeerblatt
10 zerstoßene weiße Pfefferkörner
1 EL feuchtes Meersalz

Die Kalbsknochen klein hacken. Backofen auf 200 °C vorheizen, Knochen in einem Bräter in der geklärten Butter anrösten. Das Gemüse waschen, schälen und in grobe Würfel schneiden. In den Bräter geben und mitrösten. Dann alles in einen Topf umfüllen und mit Wasser bedecken. Lorbeerblatt, Pfefferkörner und Meersalz hinzufügen, einmal aufkochen lassen und abschäumen. Etwa 5 Stunden leicht köcheln lassen, dabei immer wieder den Schaum abschöpfen. Durch ein Tuch passieren, erkalten lassen und das kalte Fett abschöpfen.

Heller Lammfond

2 kg Lammknochen
3–3 1/2 l Wasser
1 kg Zwiebeln
1 Stange Staudensellerie
1 Stange Porree
5 zerdrückte weiße Pfefferkörner
100 g feuchtes Meersalz
5 Thymianblätter
5 Rosmarinblätter

Die Knochen gegebenenfalls klein hacken, in einen Topf geben, mit Wasser bedecken und aufkochen. Abschäumen, das Gemüse putzen, schälen, klein schneiden und mit den Gewürzen zugeben. Alles 5 Stunden ziehen lassen. Zwischendurch immer wieder abschäumen. Fond passieren, kalt stellen und das sich absetzende Fett abschöpfen.

Dunkler Lammfond

2 kg Lammknochen
1 Möhre
10 Schalotten
1 Staudensellerie
2 Tomaten
1 Stange Porree
10 zerdrückte weiße Pfefferkörner
2 Lorbeerblätter

Die walnussgroß gehackten Lammknochen in einem Bräter bei 220 °C im vorgeheizten Backofen 45 Minuten anrösten. Gemüse waschen, putzen, in Würfel schneiden, alles außer Porree zugeben und noch 15 Minuten rösten lassen. Danach Porree und Gewürze zugeben und nun bei 150 °C etwa 15 Minuten mitrösten. Alles in einen Topf umfüllen, kaltes Wasser zugießen, bis der Ansatz knapp bedeckt ist, und 4 bis 5 Stunden köcheln lassen. Fond durch ein Tuch passieren, kalt stellen und dann das Fett abschöpfen.

Heller Kaninchenfond

1 1/2 kg Kaninchenknochen
3 l Wasser
4 große Zwiebeln
1 Stange Porree (nur das Weiße)
2 Stangen Staudensellerie
1 Lorbeerblatt
10 zerstoßene weiße Pfefferkörner
1 EL feuchtes Meersalz

Die Kaninchenknochen klein hacken, mit dem Wasser in einen Topf geben und einmal aufkochen lassen. Das Gemüse waschen, schälen und in grobe Würfel schneiden. Zusammen mit den Gewürzen zum Fond geben, aufkochen und den entstehenden Schaum immer wieder abschöpfen. Etwa 5 Stunden leicht köcheln lassen. Anschließend durch ein Tuch passieren, erkalten lassen und das Fett abschöpfen.

Dunkler Kaninchenfond

1 1/2 kg Kaninchenknochen
50 g geklärte Butter
4 große Zwiebeln
1 Stange Porree (nur das Weiße)
2 Stangen Staudensellerie
3 l Wasser
1 Lorbeerblatt
10 zerdrückte weiße Pfefferkörner
1 EL feuchtes Meersalz

Kaninchenknochen klein hacken. Geklärte Butter in einem Bräter erhitzen und die Knochen darin im 200 °C heißen Backofen anrösten. Gemüse putzen, in grobe Stücke zerteilen, zu den Knochen geben und weiterrösten. Mit Wasser auffüllen, bis die Knochen bedeckt sind, Gewürze dazugeben und alles etwa 4 Stunden köcheln lassen. Fond durch ein Tuch passieren, kalt stellen und das Fett dann abschöpfen.

Entenfond

1 1/2 kg Entenknochen
250 g geklärte Butter
3 Äpfel
2 Möhren
2 Stangen Staudensellerie
2 große Zwiebeln
3 l Wasser
1 Lorbeerblatt
10 zerdrückte weiße Pfefferkörner
1 EL feuchtes Meersalz

Die Entenknochen klein hacken. Im 200 °C heißen Backofen zerkleinerte Knochen in einem Bräter in der geklärten Butter anrösten und gewaschene, geschälte und in grobe Würfel zerkleinerte Gemüse und Äpfel später mitrösten. Alles in einen Topf geben und mit Wasser bedecken. Gewürze und Meersalz hinzufügen und einmal aufkochen lassen. Abschäumen. Etwa 5 Stunden leicht köcheln lassen und dabei immer wieder abschäumen. Fond durch ein Tuch passieren, kalt stellen und entfetten. Abermals aufkochen und um zwei Drittel reduzieren, damit der Fond kräftig wird.

Dunkler Rehfond

$1^1/_2$ kg Rehkarkassen
$^1/_4$ l kaltgepresstes Olivenöl
1 Knollensellerie
2 Möhren
1 Knolle Fenchel
1 Zwiebel
4 cl Cognac
$^1/_2$ l Rotwein
3 l Wasser
1 Lorbeerblatt
10 zerstoßene weiße Pfefferkörner
1 EL feuchtes Meersalz

Die klein gehackten Karkassen in einem Bräter im Backofen bei 200 °C in Olivenöl kräftig anrösten. Das Gemüse waschen, schälen und in grobe Stücke schneiden. In den Bräter geben und weitere 10 bis 15 Minuten rösten. Mit Cognac ablöschen und mit Rotwein auffüllen. So lange köcheln lassen, bis der Rotwein um zwei Drittel eingekocht ist. Alles in einen hohen Topf füllen und mit Wasser bedecken. Gewürze dazugeben und etwa 5 Stunden leicht köcheln lassen, währenddessen immer wieder den Schaum abschöpfen. Fond durch ein Tuch passieren und erkalten lassen. Gestocktes Fett abschöpfen und den Fond abermals bis auf $^1/_2$ l reduzieren, damit er schön kräftig ist.

Mein Tipp: Anstelle von Rehkarkassen lassen sich natürlich auch Knochen von Hirsch, Fasan oder Hase verwenden, wodurch man jeweils Fonds mit ganz spezifischer Geschmacksnote erhält.

Gemüsefond (Court-bouillon)

1 kleiner Knollensellerie
1 Staudensellerie
2 Möhren
1 Stange Porree
1 Bund glatte Petersilie
1 Bund Kerbel
10 zerdrückte weiße Pfefferkörner
2 Lorbeerblätter
3 l Wasser

Das Gemüse waschen, schälen und in Würfel schneiden. Kräuter waschen und grob schneiden. In einem Topf Wasser aufstellen und alle Zutaten gemeinsam bei kleiner Hitze etwa 2 Stunden ziehen lassen. Passieren und kalt stellen.

Spargelfond

Schalen von 1 kg Spargel
$^1/_4$ Scheibe Toastbrot
Saft von $^1/_2$ Limone
50 g Butter
Salz und Zucker

Die Spargelschalen mit Wasser bedecken. Toastbrot, Limonensaft und Butter dazugeben, alles aufkochen und mit Salz und Zucker würzen. Den Fond 10 Minuten ziehen lassen, dann passieren.

Selleriefond

$^1/_2$ Knollensellerie
$^1/_2$ Stange Staudensellerie
1 EL Butter
$^1/_2$ l Wasser
Salz und weißer Pfeffer aus der Mühle

Den Knollen- und Staudensellerie waschen und in kleine Würfel schneiden. In einem Topf Butter erhitzen, Selleriewürfel darin hell anschwitzen und mit Wasser auffüllen. Einmal aufkochen, dann etwa 20 Minuten ziehen lassen. Fond mit Salz und Pfeffer würzen und passieren.

Wie man Saucengeschmack vertieft

Wenn eine Sauce nicht das gewünschte geschmackliche Rückgrat hat, hilft oft ein Schuss Sherry oder Wermut. Ein ebenso sicherer wie natürlicher »Geschmacksverstärker« sind klein gehackte Tomaten- oder Champignonstückchen. Auch eine Schalottenreduktion kann wahre Wunder wirken. Ist die Sauce zu wenig würzig, erhält sie durch etwas Fenchel, Lauch, Safran oder geriebenen Ingwer noch mehr Facettenreichtum. Auch ein Schuss kaltgepresstes Olivenöl wirkt sich zuweilen höchst geschmacksverfeinernd aus.

Fenchelfond

Abschnitte (Reste) von 4 Fenchelknollen
3 EL Olivenöl
Salz
400 ml Fisch- oder Heller Geflügelfond (s. S. 61 oder 62)

Die Fenchelabschnitte in einem Topf in Olivenöl anschwitzen, leicht salzen und mit dem Fisch- oder Geflügelfond aufgießen. Aufkochen, 45 Minuten ziehen lassen und danach passieren.

Safransud

100 g Porree (nur das Weiße)
100 g Möhren
100 g Knollensellerie
Salz
3/4 l Fischfond (s. S. 61)
100 ml Weißwein
50 ml Noilly-Prat
15 Safranfäden
Saft von 1 Limone
3 EL Butter

Porree, Möhren und Sellerie putzen und alles in feine Streifen schneiden. Die Gemüsestreifen jeweils separat in kochendem Salzwasser blanchieren und sofort in Eiswasser abschrecken. Auf einem Sieb abtropfen lassen. Etwa 1/2 l Fischfond mit Weißwein, Noilly-Prat und Safran auf 50 ml einkochen. Mit dem restlichen Fischfond aufgießen, aufkochen und mit Salz und dem Limonensaft abschmecken. Die Gemüsestreifen in heißer Butter schwenken und zum heißen Sud geben.

Kalbsjus

1 1/2 kg Kalbsrückenknochen
3 l Wasser
2 Zwiebeln
1 Möhre
1 Stange Staudensellerie
10 zerstoßene weiße Pfefferkörner
1 Lorbeerblatt
1 EL feuchtes Meersalz
2 Petersilienstängel

Knochen klein hacken, Wasser in einem passenden Topf zustellen, Knochen einlegen und aufkochen lassen. Gemüse waschen, schälen und in grobe Würfel schneiden. Zusammen mit Gewürzen und Meersalz zugeben und etwa 1 1/2 Stunden köcheln lassen. Nach einer Stunde Petersilie hineingeben, Fond durch ein Tuch passieren und abkühlen lassen. Fett entfernen und auf 200 ml reduzieren. Die Kalbsjus sollte eine dunkle, kräftige, klare Farbe haben.

KEINE ANGST VOR GROSSER SAUCENKÜCHE: WER DIE RICHTIGEN FONDS VORBEREITET HAT, WIRD AUCH DAHEIM SCHNELL ZUM SAUCIER.

»... und am Schluss durch ein Tuch passieren!«

Sauce Hollandaise

4 Eigelb
6 EL Gemüsefond (s. S. 64)
1 EL Weißwein
120 g flüssige, lauwarme Butter
Salz und Cayennepfeffer
4 Tropfen Zitronensaft

Eigelb mit dem Gemüsefond und Weißwein in einer Schüssel im warmen Wasserbad schaumig aufschlagen. Vom Wasserbad nehmen und die Butter nach und nach einrühren. Mit Salz, Cayennepfeffer und dem Zitronensaft abschmecken.

Kalte Petersiliensauce

1 Bund glatte Petersilie
200 g Quark (50 % Fett)
3 EL Milch
Salz und Cayennepfeffer
1 Spritzer Limonensaft

Petersilie waschen, abtropfen lassen und Blätter abzupfen. In einer Küchenmaschine oder mit dem Mixstab Petersilienblätter mit Quark und Milch mixen, Sauce passieren und mit Salz, Cayennepfeffer und Limonensaft abschmecken.

Harte Zeiten für Sauciers

Kaiser Heliogabal (204–222 n. Chr.) hatte sich für Köche, die Saucen nicht zu seiner Zufriedenheit zubereiteten, eine äußerst konsequente Strafe ausgedacht: Statt sie, wie damals üblich, wilden Tieren zum Fraß vorzuwerfen, verurteilte Heliogabal in Ungnade gefallene Sauciers dazu, sich von nichts anderem zu ernähren als ihrer eigenen missratenen Sauce, und zwar so lange, bis ihnen ein neues Rezept eingefallen war, das dem Kaiser mehr zusagte.

Basilikumcrème

1 Bund Basilikum
2 EL Heller Geflügel- Fisch-, oder Gemüsefond, je nach Verwendung (s. S. 61, 62 oder 64)
250 g Crème fraîche
Saft von 1/2 Limone
Salz und Pfeffer aus der Mühle

Basilikumblätter abzupfen, waschen und mit einem Mixstab mit dem jeweiligen Fond fein pürieren. Durch ein feines Sieb passieren, Crème fraîche darunter rühren und mit Limonensaft, Salz und Pfeffer abschmecken.
Mein Tipp: Die kalte Basilikumcrème eignet sich sehr gut als Begleitung für vegetarische Gerichte und Crudités.

Estragonsauce

1 Bund Estragon
250 g Crème fraîche
3 EL Milch
1 TL Salz
Pfeffer aus der Mühle
1 EL Estragonessig
1 EL Estragonsenf

Estragonblätter abzupfen, waschen und abtropfen lassen. Mit dem Mixstab mixen und in die mit Milch glatt gerührte Crème fraîche geben.
Mit Salz, Pfeffer, Estragonessig und Estragonsenf abschmecken.

Sauce Cumberland

Für 4 Portionen:
1 Orange
1/2 Zitrone
60 ml roter Portwein
1/8 l Rotwein
4 EL Preiselbeeren
4 EL rotes Johannisbeergelee
1 TL Senf
1/2 TL englisches Senfpulver
Cayennepfeffer
2 Scheiben eingelegter Ingwer

Orange und Zitrone waschen, mit einem Zestenreißer die Schalen abziehen und den Saft auspressen. Orangen- und Zitronensaft gemeinsam mit den Zesten, Port- und Rotwein in einem Topf aufkochen und auf die Hälfte reduzieren. Auskühlen lassen. Mit den passierten Preiselbeeren und dem Johannisbeergelee vermengen, mit Senf, Senfpulver, Cayennepfeffer und fein geschnittenem Ingwer würzen.

Mein Tipp: Klassischerweise wird Sauce Cumberland bei so manchem Wild- und Geflügelgericht beigegeben, aber vor allem wird sie bei kalten Vorspeisen, wie etwa Terrinen, als Beilage gereicht.

Kalte Schnittlauchsauce

Für 6 Portionen:
120 g entrindetes Weißbrot
2 EL Milch
4 hart gekochte Eier
4 EL Rinderbouillon **(s. S. 42)**
Salz und Pfeffer aus der Mühle
1 EL Essig
1 TL Senf
4 cl Essiggurkenwasser
2 Eigelb
400 ml Pflanzenöl
1 Bund Schnittlauch

Weißbrot in kalter Milch einweichen und gut ausdrücken. Aus den hart gekochten Eiern die Eigelbe herauslösen und diese mit dem Weißbrot durch ein feines Sieb passieren. In eine Schüssel geben, Rinderbouillon, Salz, Pfeffer, Essig, Senf und Essiggurkenwasser hinzufügen. Die rohen Eigelbe einrühren und mit Öl wie eine Mayonnaise aufschlagen. (Sollte die Sauce gerinnen, über Wasserdampf leicht erwärmen, bis sie wieder die richtige Konsistenz hat.) Den Schnittlauch fein schneiden und erst kurz vor dem Servieren unter die Masse ziehen.

Mein Tipp: Kalte Schnittlauchsauce gilt als klassische Beilage zu gekochten Rindfleischgerichten, wie etwa Tafelspitz.

Frankfurter Grüne Sauce

Für 6 Portionen:
1/2 Bund Petersilie
1/2 Bund Schnittlauch
1/2 Bund Pimpernelle
1/2 Bund Sauerampfer
1/2 Bund Borretsch
1/2 Bund Dill
1/2 Bund Kresse
1/2 Bund Estragon
1/2 Bund Zitronenmelisse
2 Schalotten
2 EL Senf
2 hart gekochte Eier
4 EL Crème fraîche
Schale und Saft von 1/2 Zitrone
Salz und weißer Pfeffer aus der Mühle

Die verlesenen, gewaschenen Kräuter grob hacken und gemeinsam mit den geschälten und gehackten Schalotten und etwas Wasser in einem Mixer pürieren. Mit Senf vermischen, die geschälten Eier fein hacken und ebenfalls beimengen. Die Crème fraîche unterrühren und sodann mit Zitronensaft, Zeste, Salz und Pfeffer abschmecken.

Beeren für den Staatsbesuch

Die berühmte Sauce Cumberland stammt im Gegensatz zur geläufigen Meinung nicht aus England, sondern wurde in Hannover aus der Taufe gehoben. Sie ist die klassische Begleiterin für viele Wildgerichte und wurde für den Herzog von Cumberland, einen Sohn König Georgs V., aus Anlass eines Staatsbesuches auf der Basis von Johannisbeergelee, Rot- und Portwein sowie zahlreichen zusätzlichen Aromaten komponiert.

Apfel-Meerrettich-Sauce

Für 4 Portionen:
4 säuerliche Äpfel
Saft von 1 Zitrone
2 EL frisch geriebener Meerrettich
Salz

Die Äpfel schälen, entkernen und zerkleinern, sofort mit Zitronensaft beträufeln, damit sich die Äpfel nicht braun verfärben. In einem Topf mit etwas Wasser weich dünsten. Überschüssiges Wasser abgießen, mit einem Mixstab pürieren und wieder erkalten lassen. Apfelsauce mit frisch geriebenem Meerrettich und Salz abschmecken.
Mein Tipp: Die Apfel-Meerrettich-Sauce lässt sich auch aus rohen, geriebenen Äpfeln herstellen, gilt aber in jedem Fall als klassische Beilage zu gekochtem Rindfleisch, wie etwa Tafelspitz.

Meerrettichsahne

Für 4 Portionen:
250 g Sahne
1–2 EL frisch geriebener Meerrettich
Salz und Pfeffer aus der Mühle

In einer Schüssel die Sahne steif schlagen, frisch geriebenen Meerrettich unterheben und mit Salz und Pfeffer würzen.
Mein Tipp: Diese pikante Sauce setzt gerade zu Räucherfischen oder Rohschinken einen interessanten geschmacklichen Gegenpol.

Senf-Dill-Sauce

Für 4 Portionen:
3 EL Senf
2 EL Honig
1 EL Estragonessig
2 EL Gemüsefond (s. S. 64)
1/2 Bund Dillspitzen
1/8 l Pflanzenöl

In einer Rührschüssel Senf, Honig, Estragonessig, Gemüsefond und die gehackten Dillspitzen gut miteinander vermengen. Unter kräftigem Rühren nach und nach das Öl einfließen lassen, bis die Sauce schön bindet.

Currypaste

Für 4 Portionen:
200–300 g Tomaten
1 kg Zwiebeln
200 ml Öl
1 EL Korianderpulver
1 TL Kreuzkümmel
1 EL gelbe Kurkuma
1 TL Cayennepfeffer
1 TL gepresster Knoblauch
1 TL geriebener Ingwer
1 TL geriebener Safran
2 EL Salz
je 1 kräftige Prise zerstoßene Gewürze (Lorbeer, Nelken, Zimt, Kardamom)

Die Tomaten einmal kreuzweise einschneiden, einige Sekunden in siedendes Wasser tauchen, Haut abziehen, pürieren und passieren. Zwiebeln schälen und in grobe Stücke teilen. Alle Zutaten vermengen, Masse verrühren und passieren.

Der Gewürzschrank und das Kräutergärtlein erweisen sich als unerschöpfliche Fundgruben zum Verfeinern von Saucen.

Kalbs-Grundsauce

2 l Dunkler Kalbsfond (s. S. 62)
700 ml guter Rotwein (wenn möglich Côte-du-Rhône-Wein)
Salz und Pfeffer aus der Mühle

Kalbsfond und Rotwein in einem Topf vermengen, aufkochen lassen und auf 1/2 l reduzieren. Sauce mit Salz und Pfeffer abschmecken.
Mein Tipp: Diese Grundsauce eignet sich ideal als Begleitung für kurz angebratenes Kalb- und Rindfleisch, wobei je nach Verwendung durch das Hinzufügen von beliebigen Kräutern, wie Estragon, glatte Petersilie, Thymian oder Rosmarin, unterschiedliche Geschmacksnoten erzielt werden können.

Lamm-Grundsauce

2 l Dunkler Lammfond (s. S. 63)
700 ml guter Rotwein (wenn möglich Côte-du-Rhône-Wein)
Salz und Pfeffer aus der Mühle

In einem Topf den Lammfond mit Rotwein vermischen, aufkochen lassen und auf 1/2 l reduzieren. Mit Salz und Pfeffer würzen.
Mein Tipp: Für intensiveren Geschmack nach dem Reduzieren mit Thymian- oder Rosmarinzweigen (3 Zweige für 1/2 l) 15 Minuten ziehen lassen. Länger sollte die Sauce nicht ziehen, da sonst die Bitterstoffe der Kräuter frei werden. Für eine dezentere Geschmacksnote sorgen Basilikum oder Estragon. Wer es hingegen gerne deftig hat, mixt pro 1/2 l etwa 150 g eiskalte Butterwürfel ein.

Wildsauce

100 g geräucherter Speck
Olivenöl
1 kg Rehkarkassen
2 EL Butter
50 g Möhren
1/2 Knollensellerie
150 g Zwiebeln
100 g Champignon- und Pilzabschnitte
4 Lorbeerblätter
1 Thymianzweig
1/2 Bund Majoran
5 Wacholderbeeren
Schale von 1 Orange
Mehl nach Belieben
Cognac zum Flambieren
700 ml guter Rotwein (Cabernet Sauvignon, Merlot)
2 l Dunkler Geflügelfond (s. S. 62)

Den würfelig geschnittenen Speck in einem Bräter mit Olivenöl auslassen, herausheben und im verbliebenen Fett die klein gehackten Karkassen braun rösten. Fett abgießen, Butter aufschäumen und das geputzte, in kleine Würfel geschnittene Gemüse dazugeben. Backofen auf 200 °C vorheizen und alles etwa 20 Minuten rösten. Im letzten Drittel der Garzeit Pilzabschnitte hinzufügen. Danach sämtliche Gewürze und die Orangenschale zugeben, die Knochen eventuell leicht mit Mehl bestäuben und weiterrösten. Sobald das Mehl gut »verkrustet« ist, den Saucenansatz mit Cognac flambieren und nach und nach mit Rotwein ablöschen. Der Rotwein sollte dabei immer wieder fast gänzlich einkochen. Nun alles in eine Kasserolle geben, mit dem Fond aufgießen und zugedeckt etwa 2 Stunden leicht köcheln lassen. Sauce durch ein Sieb passieren und kalt stellen. Von der kalten Sauce Fett abschöpfen und bis zur gewünschten Konsistenz reduzieren.

Geflügel-Grundsauce

2 l Dunkler Geflügelfond (s. S. 62)
700 ml guter Rotwein (wenn möglich Côte-du-Rhône-Wein)
Salz und Pfeffer aus der Mühle

Geflügelfond und Rotwein in einem Topf vermengen, aufkochen lassen und auf 1/2 l reduzieren. Abschließend mit Salz und Pfeffer abschmecken.
Mein Tipp: Diese Geflügelsauce lässt sich durch beliebige Kräuter, wie Estragon, glatte Petersilie, Thymian oder Rosmarin, variieren.

Dunkle Pfeffersauce

2 EL geklärte Butter
2 EL gehackte Schalotten
3 Estragonzweige
2 EL zerdrückte schwarze Pfefferkörner
4 cl Cognac
1/4 l Kalbsgrundsauce (s. nebenstehendes Rezept)
Salz

In einem Topf geklärte Butter erhitzen und Schalotten darin anschwitzen. Estragonzweige mit den Stielen grob hacken und zusammen mit den Pfefferkörnern kurz mitrösten. Mit Cognac ablöschen und Kalbsgrundsauce zugießen. Alles etwa 10 Minuten ziehen lassen, Sauce anschließend passieren und mit Salz abschmecken.
Mein Tipp: Für eine Weiße Pfeffersauce verwendet man statt der schwarzen Pfefferkörner grüne und rührt Crème fraîche unter die Sauce.

Champagner-Trüffel-Sauce

1 TL Butter
1 EL Schalottenwürfel
1 EL Staudenselleriewürfel
100 ml Champagner
200 ml Heller Geflügelfond (s. S. 62)
150 g Crème fraîche
1 EL Trüffelbutter (s. Tipp)
Salz und Cayennepfeffer

Butter aufschäumen, Schalotten- und Selleriewürfel darin anschwitzen, mit Champagner ablöschen und Geflügelfond zugießen. Aufkochen lassen und um ein Drittel reduzieren. Crème fraîche einrühren, kurz verkochen lassen und mit der Trüffelbutter verrühren. Mit Salz und Cayennepfeffer abschmecken.
Mein Tipp: Trüffelbutter lässt sich herstellen, indem man etwa 250 g Butter mit einer Alba-Trüffel in einem verschlossenen Weckglas 24 Stunden im Kühlschrank lagert. Die Butter riecht dann nicht nur nach Trüffeln, sondern schmeckt auch so. Die auf diese Weise hergestellte Trüffelbutter ist 1 bis 2 Tage haltbar.

Orangensauce

3 Orangen
2 Stück Würfelzucker
2 cl Grand Marnier
1/4 l reduzierte Geflügelgrundsauce (s. nebenstehendes Rezept)
100 ml reduzierter Rotwein
Salz und Pfeffer

Die Orangen waschen, mit einem Zestenreißer die Schalen von den Orangen abziehen. Orangen auspressen und den Saft durch ein feines Sieb abseihen. Würfelzucker zu hellem Karamell kochen, die Orangenzesten darin anschwitzen, mit etwas Grand Marnier ablöschen und Orangensaft eingießen. Alles zu sirupartiger Konsistenz einkochen. Mit Geflügelfond auffüllen und langsam einkochen. Mit Rotwein, Pfeffer und nach Bedarf etwas Salz abschmecken.
Mein Tipp: Diese Sauce gilt als idealtypische Begleitung für eine klassische Ente à l´orange.

Tomatensauce

1 kg reife Fleischtomaten
2 große Zwiebeln
3 EL Olivenöl
1/4 l Heller Geflügel- oder Gemüsefond (s. S. 62 oder 64)
2 EL Tomatenmark
Salz und Pfeffer aus der Mühle
1 Prise Zucker
1 Lorbeerblatt
Saft von 1 Zitrone
3 EL gehacktes Basilikum

Tomaten waschen, den Stielansatz entfernen und in Spalten schneiden. Olivenöl erhitzen, Zwiebeln schälen, fein hacken, in Olivenöl anschwitzen und mit Fond aufgießen. Tomaten und Tomatenmark hinzufügen, mit Salz, Pfeffer, Zucker und dem Lorbeerblatt würzen und weich dünsten. Durch ein feines Sieb streichen, auf die gewünschte Saucenkonsistenz hin reduzieren, mit Zitronensaft und Basilikum verfeinern.

Mindestens so wichtig wie die Auswahl der richtigen Zutaten ist das Abschmecken einer Sauce. Noch lässt sich alles nachjustieren …

Sauce Bolognese

Für 4 Portionen:
3–4 Schalotten
1 Möhre
1/4 Sellerieknolle
3 EL Olivenöl
300 g Rinderhackfleisch
Salz und Pfeffer aus der Mühle
1 Msp. gemahlener Kümmel
1/4 l Tomatensauce (s. S. 71)
60 ml Rotwein
1 EL Tomatenmark
3 vollreife Fleischtomaten
1 EL gehackter Majoran
1 EL gehacktes Basilikum

Schalotten, Möhre und Sellerie schälen, waschen und in kleine Würfel schneiden. Olivenöl erhitzen, Rinderhackfleisch darin anschwitzen, Gemüsewürfel dazugeben und mitanschwitzen. Mit Salz, Pfeffer und Kümmel würzen und weitere 5 Minuten rösten. Mit Tomatensauce und Rotwein ablöschen, Tomatenmark und grob geschnittene Tomaten (ohne Stielansatz) dazugeben und alles 45 Minuten bei geringer Hitze schmoren. Vor dem Servieren mit Majoran und Basilikum bestreuen.
Mein Tipp: Sauce bolognese ist die klassische Sauce zu Spaghetti oder anderen gekochten Nudeln.

»Eine Senf-Dill-Sauce kann ein kleines Kunstwerk sein.«

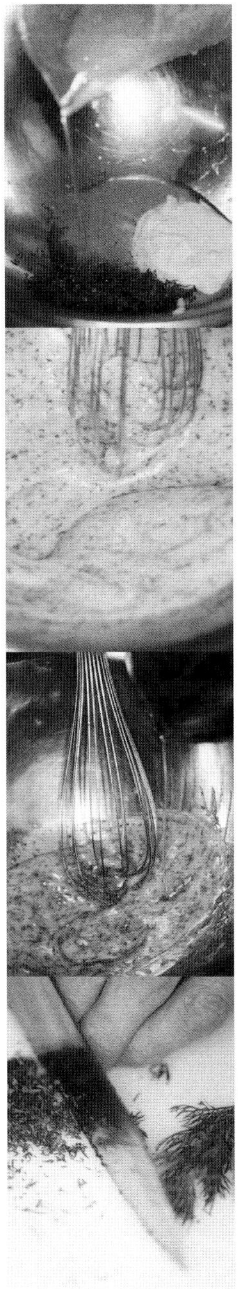

Portweinsauce

100 ml roter Portwein
200 ml Bordeauxsauce (s. unten stehendes Rezept)

Den Portwein in einem Topf auf 5 Esslöffel reduzieren. Mit der Bordeauxsauce kurz verkochen lassen, eventuell nochmals etwas reduzieren, damit die Sauce eine schöne Konsistenz bekommt.

Bordeauxsauce

600 ml Rotwein
1/2 l Dunkler Geflügelfond (s. S. 62)

Jeweils getrennt in einem Topf den Rotwein auf etwa 200 ml, den Geflügelfond auf 100 ml einkochen lassen. Beides miteinander vermengen, kurz verkochen und passieren.

Grüne Pfeffersauce

2 EL geklärte Butter
2 EL fein gehackte Schalotten
2 EL zerdrückte grüne Pfefferkörner
100 ml Noilly-Prat
1/4 l Weißweinsauce (s. S. 74)

Butter erhitzen, Schalotten darin leicht anschwitzen, grüne Pfefferkörner hinzufügen, mit Noilly-Prat ablöschen und einkochen lassen. Mit Weißweinsauce auffüllen und 15 Minuten ziehen lassen. Durch ein feines Sieb passieren.

Wild-Honig-Sauce

300 ml reduzierte Wildsauce (s. S. 70)
2–3 TL Honig

Die reduzierte Wildsauce erwärmen und nach Belieben mit dem Honig abschmecken.

Sauerampfer-sauce

150 g Magerquark
100–150 ml Consommé (s. S. 42)
Salz und Pfeffer aus der Mühle
Saft von 1/2 Limone
1 Bund Sauerampfer

Den Quark mit der kalten Consommé glatt rühren. Mit Salz, Pfeffer und dem Limonensaft abschmecken. Den Sauerampfer fein schneiden und dazugeben.

Sauce tartare

3 Eigelb
400 ml Olivenöl
5 Gewürzgurken (ca. 250 g)
1 Bund Petersilie
1 EL gehackte Kapern
1 EL Senf
Salz und Pfeffer aus der Mühle
Cayennepfeffer nach Belieben

Das Eigelb in eine Schüssel geben und unter ständigem Rühren das Olivenöl einfließen lassen, bis eine homogene Masse (Mayonnaise) entsteht. Die Gewürzgurken in feine Würfel schneiden, Petersilie und Kapern hacken und alles zusammen mit dem Senf einmengen. Mit Salz, Pfeffer und je nach Geschmack auch mit Cayennepfeffer abschmecken.

Currysauce

1/8 l Currypaste (s. S. 69)
1/8 l Weißweinsauce (s. S. 74)
2 EL geschlagene Sahne

Die Currypaste mit der Weißweinsauce aufkochen und die geschlagene Sahne unterziehen.

Gänsestopf-lebersauce

1/4 l Weißweinsauce (s. S. 74)
80 g Gänseleberterrine oder frische Leber
2 EL Cognac
weißer Pfeffer aus der Mühle

Weißweinsauce aufkochen, Gänseleber dazugeben und etwa 3 Minuten warm rühren. Kräftig mixen, Cognac zugießen und abermals mixen. Abschließend mit weißem Pfeffer aus der Mühle abschmecken.

1525: Erster Curry in Europa

Das Jahr 1525 ist für die Geschichte der Gewürze ein historisches Datum. Damals wurde nicht nur die erste Chilischote in Europa eingeführt, sondern auch Kardamom, Gelbwurz oder Kreuzkümmel, aus denen die indischen Tamilen ihr »Kari« (stark gewürztes Gericht) zubereiteten. Die Briten machten daraus eine Gewürzmischung und europäisierten das Kari zum Curry.

Fenchel-Tomaten-Sauce

2 Knollen Fenchel
4 Olivetti-Tomaten (vollreife Tomaten)
100 ml reduzierter Fenchelfond (s. S. 65)
2 Schalotten
1 Stange Porree
5 EL Olivenöl
5 Pfefferkörner
2 Lorbeerblätter
1/2 Bund Basilikum

Fenchel putzen, Fenchelgrün beiseite legen, Fäden ziehen und Fenchel in Julienne schneiden. Tomaten blanchieren, häuten, entkernen und in Streifen schneiden. Aus den Fenchelabschnitten einen Fond kochen und auf 100 ml einkochen lassen. Die geschälten, fein gehackten Schalotten und den geputzten, geschnittenen Porree in Olivenöl anschwitzen, passierte Tomaten und Gewürze dazugeben. Etwa 2 Stunden köcheln lassen, passieren, reduzieren lassen, Fenchelfond dazugeben, abschmecken und eventuell leicht binden. Fenchelstreifen in der Sauce schmoren lassen. Tomaten und in feine Streifen geschnittenes Fenchelgrün hinzugeben.

Ingwersauce

2 Stück brauner Würfelzucker
70 g eingelegter Ingwer (s. S. 84)
4 cl Champagner
1/8 l Ingwer-Einlege-Flüssigkeit
1/8 l Fisch- oder Heller Geflügelfond (s. S. 61 oder 62)
125 g Crème fraîche
Saft von 1 Limone
Salz und Cayenne-pfeffer
1–2 EL geschlagene Sahne

Den Würfelzucker zu hellem Karamell schmelzen. Fein geschnittenen Ingwer darin anschwitzen, mit Champagner ablöschen, mit Ingwerflüssigkeit und Fond aufgießen und auf ein Drittel reduzieren. Crème fraîche einrühren und kurz verkochen lassen. Mit Limonensaft und Gewürzen abschmecken, mit Stabmixer pürieren. Vor dem Servieren mit Sahne verfeinern.

Weissweinsauce

1/2 l Fischfond (s. S. 61)
1/2 l halb trockener Riesling
125 ml Noilly-Prat
500 g Crème fraîche
Salz und Cayenne-pfeffer

In einem Topf Fischfond, Riesling und Noilly-Prat vermengen, aufkochen und auf die Hälfte reduzieren. Crème fraîche dazugeben, noch einmal um ein Drittel reduzieren und mit Salz und Cayennepfeffer abschmecken.

Rieslingsauce

2 Schalotten
4 EL Butter
200 ml Heller Kalbsfond (s. S. 62)
300 ml Riesling (z. B. Eitelsbacher Karthäuserhofberg)
100 g Crème fraîche
Salz und weißer Pfeffer aus der Mühle
1 Prise geriebene Muskatnuss

Die geschälten, fein gehackten Schalotten in 1 Esslöffel Butter glasig anschwitzen, ohne dass sie Farbe annehmen. Mit dem Kalbsfond und 200 ml Riesling aufgießen, aufkochen und um die Hälfte reduzieren. Crème fraîche einrühren, kurz köcheln lassen, mit Salz, Pfeffer und Muskatnuss abschmecken und mit dem Rest der Butter verrühren. Die Sauce kurz vor dem Servieren mit dem restlichen Riesling verfeinern.

Welcher Wein für welche Sauce?

Grüner Veltliner und Welschriesling geben eine gute Grundbasis für Fischsaucen. Rheinriesling ist ideal für Saucen zu Fisch, Kalbfleisch und Geflügel. Chardonnay ist ein hervorragender Kochwein für Gerichte von Fischen und Meeresfrüchten. Champagner verleiht Saucen zu Fisch oder Geflügel noch einen zarten Hauch von Mousseux. Gespritete Süßweine, wie Madeira, Port oder Marsala, eignen sich perfekt für Saucen zu Fleisch und Wild. Süßweine (Sauternes, Tokajer, hohe Prädikatsweine) passen ausgezeichnet zu Saucen für Schaltiere und Kaninchen. Große Rotweine aus Bordeaux, Piemont, Burgund, Toskana etc. sollte man lieber mit Genuss trinken als verkochen. Insbesondere Burgunder bilden jedoch auch köstliche Geschmacksträger für feine, dichte Fleisch- und Geflügelsaucen.

Petersilien-sauce

1 Bund glatte Petersilie
1/4 l Weißweinsauce (s. nebenstehendes Rezept)

Petersilienblätter abzupfen und waschen. Weißweinsauce aufkochen, Petersilienstängel hinzugeben und etwa 20 Minuten ziehen lassen, passieren. Zwei Drittel der Petersilienblätter in die Sauce einrühren. Die restlichen Blätter unter die Sauce geben. Nicht mehr kochen, da die Sauce sonst braun wird.
Mein Tipp: Estragon-, Basilikum- oder Kerbelsauce lässt sich nach demselben Rezept herstellen, was für Abwechslung bei Fischgerichten sorgt.

Safransauce

1 TL Safranfäden
3 EL Fischfond (s. S. 61)
1/2 l Weißweinsauce (s. S. 74)
2 EL geschlagene Sahne

Safranfäden 1 Stunde im Fischfond ziehen lassen. (Kein Safranpulver verwenden, da dieses minderwertig ist.) Anschließend mit Weißweinsauce aufgießen und weitere 15 Minuten ziehen lassen. Alles aufkochen und die geschlagene Sahne unterziehen.

Schwarze Trüffel-Champagner-Sauce

1 frische schwarze Trüffel, ca. 80 g
2 EL geklärte Butter
1/8 l trockener Champagner
1/4 l Weißweinsauce (s. nebenstehendes Rezept)

Die Trüffel waschen und in kleine Würfel schneiden. Butter in einem Topf erhitzen, Trüffel darin anschwitzen lassen, mit Champagner ablöschen und einkochen lassen. Nach etwa 3 Minuten mit der Weißweinsauce aufgießen, aufkochen und weitere 10 Minuten ziehen lassen.

Sardellensauce

1/4 l Weißweinsauce (s. nebenstehendes Rezept)
1 EL Sardellenpaste

In einem Topf die Weißweinsauce aufkochen und mit der Sardellenpaste mit dem Mixstab mixen. Nochmals kurz aufkochen und servieren.

»Ein Gericht ohne Sauce ist wie eine Frau ohne Geheimnis.«

Kapernsauce

2 EL Schalottenwürfel
2 EL geklärte Butter
2 EL Kapern aus dem Glas
1/4 l Weißweinsauce (s. S. 74)

Die fein gehackten Schalotten in Butter anschwitzen, 1 Esslöffel Kapern dazugeben und mit Weißweinsauce aufgießen. Alles aufkochen lassen, mit dem Mixstab pürieren, durch ein Sieb passieren und die restlichen Kapern untermengen. Nochmals aufkochen lassen.

Senfsauce

1/4 l Weißweinsauce (s. S. 74)
1 EL scharfer Senf
Saft von 1/2 Zitrone

In einem Topf die Weißweinsauce aufkochen, Senf und Zitronensaft einrühren und zum Schluss mit dem Mixstab gut vermengen.

Meerrettichsauce

1/4 l Weißweinsauce (s. S. 74)
3 EL frisch geriebener Meerrettich
Saft von 1/2 Limone
Salz

In einem Topf die Weißweinsauce aufkochen, geriebenen Meerrettich und Limonensaft einrühren, mixen und je nach Geschmack mit Salz nochmals abschmecken.

Avocadosauce

1/4 l Weißweinsauce (s. S. 74)
1 vollreife Avocado
Saft von 1/2 Limone
2 EL geschlagene Sahne

Die Weißweinsauce in einem Topf aufkochen, Avocado schälen, entkernen und in Würfel schneiden. Mit dem Mixstab in die Sauce einrühren und passieren. Mit Limonensaft abschmecken und abschließend noch mit geschlagener Sahne verfeinern.

Räucheraalsauce

1/8 l Fischfond (s. S. 61)
Saft von 1/2 Limone
50 g Räucheraal
1/4 l Weißweinsauce (s. S. 74)
2 EL geschlagene Sahne

Den Fischfond mit Limonensaft aufkochen, Räucheraal darin weich kochen, pürieren und passieren. Mit Weißweinsauce aufgießen und nochmals aufkochen lassen. Vor dem Servieren geschlagene Sahne unterziehen.

Meerrettich ist gesund

Meerrettich ist nicht nur wegen der pikanten Würze, die er Gerichten und Saucen verleiht, zu empfehlen, sondern auch, weil er ein wahrer Jungbrunnen an wertvollen Inhaltsstoffen ist. So enthält Meerrettich etwa doppelt so viel Vitamin C wie Zitrone, zudem Karotin und zahlreiche Vitamine der B-Gruppe. Sein hoher Niazin-Anteil beugt Kreislauferkrankungen vor, der Verzehr rohen Meerrettichs erhält bioaktive Kräfte und die Schutzwirkung der im Meerrettich vorhandenen Senföl-Verbindungen gegen Krebserkrankungen ist längst medizinisch nachgewiesen.

Limonensauce

2 unbehandelte Limonen
1/4 l Weißweinsauce (s. S. 74)
2 EL geschlagene Sahne

Von den unbehandelten Limonen mit einem Zestenreißer die Schale abziehen. Danach die Limonen auspressen. Limonensaft in einem Topf aufkochen und die Zesten darin garen. Mit Weißweinsauce aufgießen, aufkochen lassen und die geschlagene Sahne unterziehen.

Blutorangensauce

3 unbehandelte Blutorangen
1/4 l Weißweinsauce (s. S. 74)
2 EL geschlagene Sahne

Von den Orangen mit einem Zestenreißer die Schale abziehen. Die Orangen auspressen, Orangensaft aufkochen, die Zesten dazugeben und alles einkochen lassen. Mit Weißweinsauce aufgießen, aufkochen und die geschlagene Sahne unterziehen.

Seeigelsauce

1/4 l Weißweinsauce (s. S. 74)
1 Glas Seeigelpaste (125 g), aus dem Feinkostladen
4 EL geschlagene Sahne

Die Weißweinsauce in einem Topf aufkochen, Seeigelpaste mit einem Stabmixer einrühren und alles nochmals aufkochen lassen. Vor dem Servieren geschlagene Sahne unterziehen, aber nun nicht mehr kochen.

Hummersauce

2 lebende Hummer, à 500–600 g
Salz
1 Möhre
1/2 Knollensellerie
1/2 Stange Porree
10 Schalotten
20 g Tomatenmark
2 Lorbeerblätter
1/8 l Cognac
1/8 l Noilly-Prat
1 1/2 kg Sahne
Salz und Pfeffer
eventuell kalte Butterstücke
geschlagene Sahne zum Vollenden

Hummer in kochendes Salzwasser geben, einmal aufkochen, kurz ziehen lassen und sofort in kaltem Wasser abschrecken. Hummer ausbrechen, Hummerfleisch in etwas Fond aufbewahren. Karkassen klein hacken und in einem Bräter im heißen Backofen kurz anrösten. Geputztes und geschältes Gemüse klein schneiden, hinzufügen und mitrösten. Dann Tomatenmark und Lorbeerblätter zugeben, nochmals kurz weiterrösten. Mit Cognac und Noilly-Prat ablöschen und in einen Topf umfüllen. Karkassen mit Sahne bedecken, aufkochen lassen und auf 1 l Flüssigkeit reduzieren. Suppe passieren, abschmecken, nochmals erwärmen, nach Belieben mit kalten Butterstücken montieren und etwas geschlagene Sahne unterziehen. Hummerfleisch portionieren, in tiefen Tellern anrichten, mit fertiger Suppe auffüllen. Bevor die fertige Hummersuppe mit Butter und Schlagsahne verfeinert wird, nochmals um ein Drittel einkochen. Erst vor dem Servieren geschlagene Sahne unterziehen.

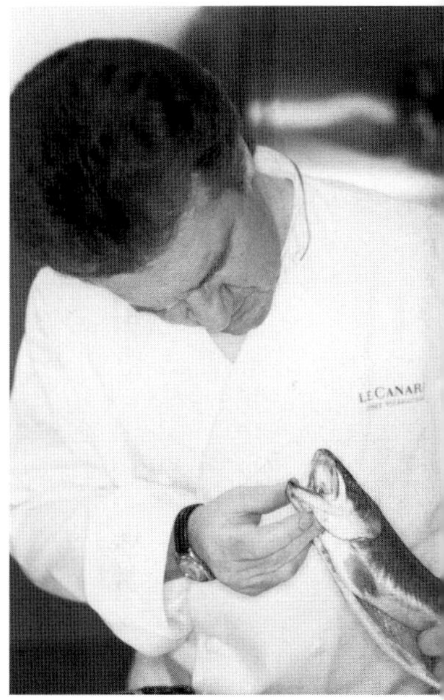

»Für eine pikante Hummersauce rührt man vor der Schlagsahne noch rasch etwas Cognac ein.«

Orangen-Butter-Sauce

2 EL Butter
1½ EL Zucker
100 ml trockener Weißwein
100 ml Spargelfond
¼ l Orangensaft
Zeste von 2 unbehandelten Orangen
Salz

Die Hälfte der Butter in einem Topf aufschäumen lassen. Zucker dazugeben und karamellisieren lassen. Mit Weißwein ablöschen, Spargelfond sowie Orangensaft eingießen und alles etwa auf ein Sechstel einkochen lassen. In der Zwischenzeit Orangenzesten in Salzwasser blanchieren. Die fertig reduzierte Sauce mit der restlichen Butter verrühren, mit Salz abschmecken und die Orangenzeste untermengen.

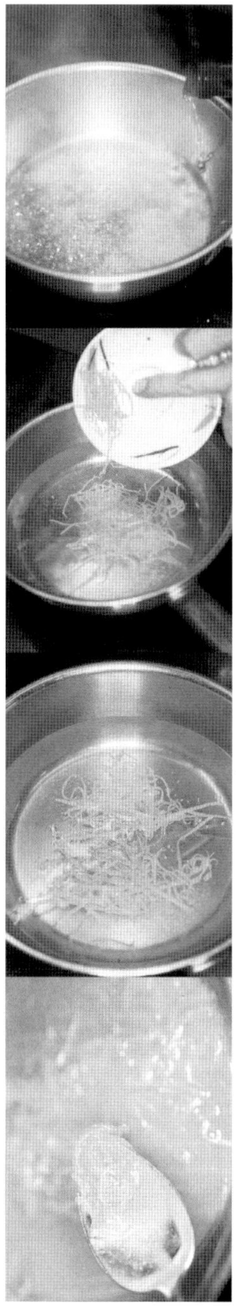

Sternanis-Butter-Sauce

Karkassen von 2 Hummern
1 EL Olivenöl
4 EL Butter
1 Stange Staudensellerie
1 Möhre
½ Knolle Fenchel
1 TL feuchtes Meersalz
3 EL Tomatenmark
4 cl Pernod
8 cl Cognac
4 cl weißer Portwein
1½ l Fischfond (s. S. 61)
200 g Sahne
2 EL Crème fraîche
3 Stück Sternanis
50 g eiskalte Butterwürfel

Die klein gehackten Karkassen in Olivenöl und Butter leicht anrösten. Das Gemüse schälen, putzen, klein schneiden und mit den Karkassen weiterrösten. Mit Meersalz würzen, Tomatenmark einrühren und weitere 5 Minuten rösten. Mit Pernod, Cognac und Portwein ablöschen, etwas reduzieren und Fischfond zugießen. Alles etwa 2 Stunden köcheln lassen. Fond durch ein Sieb passieren und um die Hälfte reduzieren. Sahne und Crème fraîche einrühren, 2 Minuten verkochen lassen, Sternanis dazugeben und etwa 10 Minuten ziehen lassen. Dann Sternanis wieder entfernen und die Sauce mit kalter Butter aufschlagen.

Paprika-Butter-Sauce

2 gelbe Paprikaschoten
2 rote Paprikaschoten
2 Schalotten
3 EL kaltgepresstes Olivenöl
Salz
1 Prise Zucker
100 ml Noilly-Prat
100 ml Fischfond (s. S. 61)
1 Thymianzweig
100 g eiskalte Butterwürfel
2 EL Crème fraîche
100 g Sahne
1 Msp. Cayennepfeffer
1 Spritzer Limonensaft
5–6 Basilikumblätter

Paprikaschoten schälen, in Rauten schneiden und Paprikareste, bis auf die Kerne und das Gehäuse, aufheben. Schalotten schälen, fein schneiden, in etwas Olivenöl glasig anschwitzen und die Paprikareste zugeben. Mit Salz und etwas Zucker würzen. Mit Noilly-Prat ablöschen, den Alkohol verdampfen lassen und anschließend mit dem Fischfond aufgießen. Thymianzweig zugeben, und Paprika bei kleiner Hitze weich kochen. Thymian wieder entfernen, Sauce mixen, kalte Butter, Crème fraîche und Sahne einrühren und mit Cayennepfeffer, Limonensaft und eventuell Salz abschmecken. Sauce passieren und vor dem Servieren Basilikumblätter abzupfen, in Julienne schneiden und mit den Paprikarauten unterziehen.

Krebssauce

Zutaten für 6–8 Portionen:
2 kg Krebskarkassen
1 Möhre
1/2 Knollensellerie
1/2 Stange Lauch (nur das Weiße)
6 Schalotten
2 EL Tomatenmark
Salz und Pfeffer aus der Mühle
2 Lorbeerblätter
100 g Zucker
1/8 l Cognac
1/8 l Noilly-Prat
1 EL Butter

Die Krebskarkassen in einem Bräter bei 200 °C im Backofen anrösten. Nach 30–40 Minuten das gewaschene und in walnussgroße Stücke geschnittene Gemüse hinzufügen und mitrösten. Wenn das Gemüse angebraten ist, das Tomatenmark und die Gewürze zugeben und nochmals kurz anrösten. Mit Cognac und Noilly-Prat ablöschen und in einen Topf umfüllen. Den Bräter mit 2 Liter kaltem Wasser ausspülen und den Bratensatz mit Hilfe eines Spachtels lösen. Das Ganze ebenfalls in den Topf geben. Die Karkassen 1 Stunde kochen, den Fond passieren und mit Sahne auffüllen. Auf circa 0,75 Liter reduzieren. Die Sauce sollte andicken. Vor dem Anrichten die Sauce mit frischer, kalter Butter, montieren und zum Schluss mit Salz und Pfeffer abschmecken.

Sauce Béchamel

4 EL Butter
4 EL Mehl
300 ml Milch
Salz und weißer Pfeffer aus der Mühle
1 Prise geriebene Muskatnuss
1 Spritzer Zitronensaft

Butter erhitzen, Mehl hineinsieben und alles gut verrühren. Dann mit der Milch langsam aufgießen und mit einem Schneebesen glatt rühren. Langsam aufkochen lassen, mit Salz, Pfeffer, Muskatnuss und Zitronensaft abschmecken, 15 Minuten köcheln lassen. Währenddessen wiederholt umrühren, damit sich die Sauce nicht anlegen kann.

Béchamel und Korruption

Eine der populärsten, wenn auch durch Überdosierung von Mehl häufig missratenen Saucen ist die Béchamel, in der Mehl und Butter mit Milch sämig gerührt werden. Der Namensgeber dieser Sauce (deren Zubereitung im Originalrezept wesentlich komplizierter war) hat sich diese Ehre im Grunde genommen gar nicht verdient. Er war ein korrupter Bankier am Hofe des Sonnenkönigs Ludwig XIV., der sich das Amt des Haushofmeisters am königlichen Hof erkaufte und dem die Hofköche (um ihn gütlich zu stimmen) diese Sauce widmeten.

BEILAGEN UND ZWISCHENGERICHTE

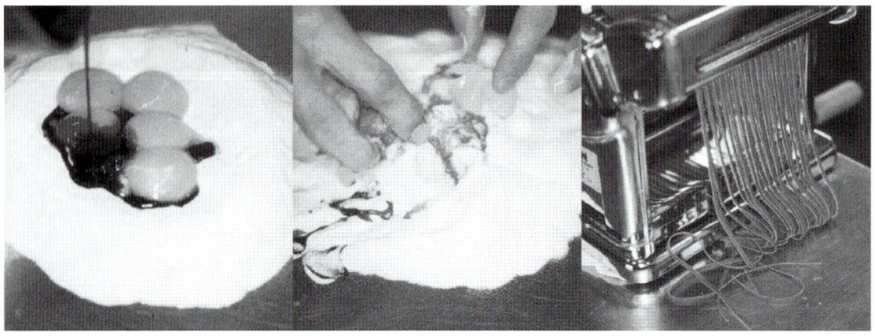

Kommen Ihnen die besten Kochideen nicht auch immer auf dem Markt oder vor einem wohlgefüllten Einkaufsregal? Sie finden schönen Fenchel, einladend appetitlichen Endiviensalat, frische provençalische Gemüsesorten wecken »Sonnenküchen«-Erinnerungen oder beim Anblick schöner junger Kartoffeln keimt der Wunsch in Ihnen auf, sich selbst wieder einmal mit zart schmelzenden Gnocchi zu verwöhnen.

CUISINE DE MOMENT.

In jedem dieser Fälle lassen Sie sich einfach vom folgenden Kapitel inspirieren und spielen Sie mit Rezepten und Zutaten geistig Ping-Pong. Die Gerichte, deren Rezepturen Sie auf den nächsten Seiten lesen, sind gewissermaßen das Spielgeld für Ihre persönliche »feine Küche« daheim. Das von Josef Viehhauser für dieses Werk entwickelte Modulsystem entfernt sich vom starren Aufbau traditioneller Kochbücher und will fundierte Inspirationen für Ihre persönliche »Cuisine de moment«, eine spontane, aus dem Augenblick heraus entstandene Küche, geben.
Das Spiel mit Beilagen und Salaten oder mit Hüllen und Füllen von delikaten Maultaschen oder Ravioli macht das Kochen erst wirklich von der alltäglichen Routine zum vergnüglichen Hobby. Lassen Sie sich bei der Zusammenstellung Ihres Speiseplans daher nicht von starren Grundsätzen leiten, sondern benützen Sie dieses Kochbuch mit seinen verlässlichen Grundrezepten für Nudelteige, Risotti und Gratins lediglich als eine Art Standbein.

STANDBEIN UND SPIELBEIN.

Lassen Sie im Übrigen aber bitte dem »Spielbein« Ihrer Phantasie freien Lauf. Dasselbe Rezept, das heute ein leichtes Hauptgericht abgibt, kann morgen, in etwas geringerer Dosierung, eine köstliche Beilage sein. Und was als Zwischengericht in einem längeren Menü Ihre Gäste zu Begeisterungsstürmen hinriss, ist für Sie ein andermal vielleicht ein willkommener Snack.
Zögern Sie nicht, Rezepte aus dem folgenden Kapitel mit Saucen aus dem vorigen oder Hauptgerichten aus dem nächsten zu kombinieren. (Kombinationsvorschläge finden Sie bei vielen Rezepten). Die Zeiten, in denen man sich starr an die Abfolge von Vorspeise, Hauptspeise und Nachspeise gehalten hat, sind längst vorbei. Heute kombiniert man nach Lust, Bedarf und Laune, frei nach dem Motto aus Goethes »Torquato Tasso«: »Erlaubt ist, was gefällt.«

LASSEN SIE DEM »SPIELBEIN« IHRER PHANTASIE FREIEN LAUF. DASSELBE REZEPT, DAS HEUTE EIN LEICHTES HAUPTGERICHT ABGIBT, KANN MORGEN SCHON EINE KÖSTLICHE BEILAGE SEIN.

Artischocken-Fenchel-Gröstl

Für 4 Portionen:
3 Artischocken
Saft von 1 Zitrone
3 Knollen Fenchel
6 EL Olivenöl
Salz
1 Estragonzweig
3 EL gehackte glatte Petersilie

Die Artischocken putzen, mit Zitronenwasser einreiben und in Tortenstücke schneiden. Den Fenchel schälen und in Würfel schneiden. Anschließend beide Gemüse in einer Pfanne mit Olivenöl sehr »kross« braten. Estragonblätter abzupfen und fein schneiden. Artischocken vor dem Servieren würzen und die Kräuter darüber streuen.

Geschmorter Endiviensalat

Für 4 Portionen:
1 Kopf Endiviensalat
50 g Butter
Salz und Pfeffer aus der Mühle
Saft von 1 Limone

Den Endiviensalat waschen, abtropfen lassen und in kleine Stücke zupfen. Butter in einem Topf aufschäumen und hellbraun werden lassen. Den Salat dazugeben und anschwitzen. Mit Salz, Pfeffer und Limonensaft abschmecken. Salat fertig schmoren und sofort servieren.

Artischocken für die Leber

Unter den vielen »Gourmetgemüsen« genießt die grüne Blüte der mediterranen Distel ganz eindeutig eine Vorrangstellung. Dass Feinschmecker der Artischocke in solchem Maße zusprechen, liegt nicht nur an ihrem unvergleichlichen Wohlgeschmack, sondern vielleicht auch daran, dass der Genuss von Artischocken nachweislich positive Folgen für die Leberfunktion zeitigt. Und welcher Genießer hätte mit derselben schon so ganz und gar keine Probleme?

Safran-Fenchel

Für 4 Portionen:
2 Knollen Fenchel
50 g getrocknete Tomaten in Öl
2 Schalotten
2 EL Butter
30 Safranfäden
2 EL Pernod
400 ml Fischfond (s. S. 61)
1 EL Speisestärke
Salz und Cayennepfeffer
100 g flüssige Sahne

Geputzte Fenchel, abgetropfte Tomaten und geschälte Schalotten in feine Streifen schneiden. Die Schalotten und den Fenchel in Butter anschwitzen, Safran dazugeben und mit Pernod und Fischfond aufgießen. Etwa 10 Minuten langsam köcheln lassen. Speisestärke mit 3 Esslöffel Wasser verrühren und in den kochenden Fond geben. Noch 1 Minute köcheln lassen und mit Salz und Cayennepfeffer abschmecken. Die Tomatenstreifen dazugeben, kurz heiß werden lassen und servieren.

Bärlauch-Spinat

Für 4 Portionen:
2 kg Spinat
2 Schalotten
50 g Butter
Salz und Pfeffer
1 Prise geriebene Muskatnuss
1 Bund frischer Bärlauch
2 EL Nussbutter (hellbraune, zerlassene Butter)

Den Spinat sorgfältig verlesen und gut waschen. Schalotten schälen, fein schneiden und in Butter glasig andünsten. Spinat dazugeben und im geschlossenen Topf mitdünsten. Dann den Spinat würzen, den fein geschnittenen Bärlauch dazugeben und mit Nussbutter abrunden.

Rote Bete

Für 4 Portionen:
2 Knollen Rote Beten
1 TL Kümmel
1 1/2 EL feuchtes Meersalz
2 EL Zucker
2 EL Rotweinessig
Salz
1 EL Butter
Pfeffer aus der Mühle
Saft von 1/4 Limone

Die gewaschenen Roten Beten in einem Topf mit kaltem Wasser bedecken. Kümmel, Meersalz, Zucker und den Rotweinessig dazugeben. Mit Salz abschmecken, Sud aufkochen lassen und Rote Beten weich kochen. Kurz in Eiswasser abschrecken und mit einem kleinen spitzen Messer die Haut abziehen. Knollen in Scheiben schneiden. Butter in einem Topf aufschäumen lassen, die Rote-Bete-Scheiben darin erhitzen und mit Salz, Pfeffer und Limonensaft nochmals abschmecken.

Geschmortes Gemüse in Rotweinsauce

Für 4 Portionen:
6 Schalotten
2 Artischocken
1 Bund Frühlingsporree (ca. 8 Stangen)
2 EL geklärte Butter
Salz und Pfeffer aus der Mühle
1/2 l Rotwein
1/2 l Dunkler Geflügelfond (s. S. 62)

Schalotten schälen und halbieren, die geputzten Artischockenböden achteln, den Frühlingsporree putzen und halbieren. Geklärte Butter in einem Topf erhitzen, Schalotten und Artischocken dazugeben und etwa 2 Minuten anbraten. Frühlingsporree beifügen und ebenfalls Farbe nehmen lassen. Mit Salz und Pfeffer würzen. Sobald das Gemüse Farbe bekommen hat, mit Rotwein ablöschen. Den Wein auf ein Drittel reduzieren lassen und mit Geflügelfond auffüllen. Wenn das Gemüse gar ist, Gemüse herausheben und auf ein Sieb geben. Den Fond weiter auf ungefähr die Hälfte einkochen lassen. Das Gemüse in der fertigen Sauce nochmals kurz schwenken.

Weisses Bohnenpüree

Für 4 Portionen:
1 Schalotte
50 g Butter
200 g Palbohnen (frische, kleine weiße Bohnen)
1 Prise Fleur de sel (feines Meersalz)
2 EL Sahne
50 g eiskalte Butterwürfel
Salz und Cayennepfeffer
Saft von 1 Limone

Schalotte schälen, würfeln und in 2 Esslöffel Butter glasig anschwitzen. Palbohnen dazugeben und mit Fleur de sel würzen. Mit Wasser bedecken und circa 30 Minuten gar kochen. Bohnen abgießen und noch warm mit der Sahne im Mixer pürieren. Die restlichen 3 Esslöffel Butter in einer Pfanne hellbraun werden lassen und unter das Püree mengen. Das Bohnenpüree durch ein Sieb streichen und nach und nach die eiskalten Butterwürfel einrühren. Mit Salz, Cayennepfeffer und dem Limonensaft abschmecken.

Eingelegter Ingwer

Für 2 Einweggläser:
2 l Wasser
500 g Zucker
4 EL Honig
100 ml Limonensaft
200 ml Champagneressig
1 Prise Salz
1 kg ungeschälter Ingwer

Alle Zutaten außer dem Ingwer aufkochen. Währenddessen Ingwer schälen und in Scheiben schneiden. Mit dem heißen Sud übergießen und eventuell nochmals aufkochen lassen. In heiß ausgespülte Einmachgläser füllen und mindestens 1 Woche ziehen lassen.

Traminerkraut

Für 4 Portionen:
1 kleiner Kopf Weißkohl
1 EL Zucker
2 EL Gänseschmalz
1 Gemüsezwiebel
Salz und Pfeffer aus der Mühle
1 TL gekochter Kümmel
1/2 l Traminer-Wein
6 cl Tresterschnaps

Die äußeren Blätter und den Stielansatz des Weißkohls entfernen, dann den Weißkohl in feine Streifen schneiden. Zucker mit Gänseschmalz in einem großen, breiten Topf karamellisieren, Zwiebel schälen, klein schneiden, beifügen und andünsten. Dann den geschnittenen Weißkohl untermengen und kurz mitanschwitzen. Mit Salz, Pfeffer und Kümmel würzen und Traminer zugießen. Im zugedeckten Topf im heißen Backofen bei 180 °C etwa 20 Minuten gar dünsten. Abschließend mit Tresterschnaps abschmecken und nochmals kurz durchkochen.

Ratatouille

Für 4–6 Portionen:
1 Aubergine
300 g Zucchini
je 1 gelbe, rote und grüne Paprikaschote
3 Schalotten
4 Salbeiblätter
1 Thymianzweig
1 Rosmarinzweig
5–6 EL kaltgepresstes Olivenöl
4 Tomaten
Salz und weißer Pfeffer aus der Mühle

Aubergine, Zucchini und Paprikaschoten gut waschen und getrennt in etwa 1 cm große Würfel schneiden. Schalotten schälen und in Ringe schneiden, Thymian- und Rosmarinblätter abzupfen, waschen und trockentupfen. In einer großen Pfanne Olivenöl erhitzen, Auberginen darin anschwitzen und anschließend auf einen Teller legen. Danach Zucchini und Paprika anbraten, ebenfalls wieder herausnehmen. Schalotten anschwitzen, nun sämtliches Gemüse wieder beigeben, zum Schluss die würfelig geschnittenen Tomaten mit Kräutern und Gewürzen hinzufügen und abschmecken. Ratatouille im vorgeheizten Backofen bei 180 °C zugedeckt etwa 20 Minuten schmoren lassen.

Papriziertes Kürbisgemüse

Für 4–5 Portionen:
1 kg Kürbis
Salz
je 1 rote und gelbe Paprikaschote
2 Schalotten
1 Msp. Kümmel
50 g Butter
1 EL Tomatenmark
2 EL Apfel-Balsam-Essig
1 TL Paprikapulver
700 ml Heller Geflügelfond (s. S. 62)
300–400 g Crème fraîche
1 Prise Cayennepfeffer

Den Kürbis zerteilen, entkernen und schälen. Auf einer Reibe grob reiben, gut einsalzen und 4 bis 5 Stunden stehen lassen. Kürbis auspressen (die ausgepresste Flüssigkeit wird nicht mehr benötigt). Paprikaschoten schälen und in 3 bis 4 cm lange Streifen schneiden, Schalotten schälen, halbieren und ebenfalls in Streifen schneiden. Den Kümmel mit etwas Butter fein hacken. Paprika, Schalotten und Kümmel in restlicher Butter anschwitzen, Tomatenmark einrühren und mit Apfel-Balsam-Essig ablöschen. Kürbis dazugeben und kurz anschwitzen lassen. Mit Paprikapulver bestäuben und Weißwein zugießen. Sobald der Weißwein verkocht ist, den mit Crème fraîche vermengten Fond beigeben, so dass das Gemüse gerade bedeckt ist. Mit Salz und Cayennepfeffer würzen und 6 bis 7 Minuten leicht köcheln lassen.

Pinot-noir-Schalotten

Für 4 Portionen:
10 rote Zwiebeln
1/4 l Pinot noir
200 ml roter Portwein
1 Lorbeerblatt
2 Thymianzweige
1 Prise feuchtes Meersalz
200 ml Dunkler Geflügelfond (s. S. 62)
Salz und Pfeffer aus der Mühle

Die Zwiebeln schälen und in feine Würfel schneiden. In einem Topf Port- und Rotwein aufkochen. Lorbeerblatt, Thymian und Meersalz zugeben und die Zwiebeln darin weich kochen. Sind die Zwiebeln gar, herausnehmen, das Weingemisch passieren und auf 200 ml einkochen lassen. Geflügelfond zugießen und abermals auf etwa 150 ml reduzieren. Nun die Hälfte der Rotweinzwiebeln als Bindung in die Sauce mixen, die andere Hälfte zugeben und mit Salz und Pfeffer abschmecken.

Wirsing-Bällchen

Für 8 Portionen:
8 große, grüne Wirsingblätter
Salz
1 EL gehackte Schalotten
1 EL Butter
400 g klein geschnittener Wirsing
Pfeffer
1 Prise geriebene Muskatnuss
1/8 l Heller Geflügelfond (s. S. 62)
125 g Sahne

Die Wirsingblätter in Salzwasser blanchieren, in Eiswasser abschrecken und auf einem Tuch trockentupfen. Schalottenwürfel in Butter hell anschwitzen, den klein geschnittenen Wirsing zugeben und mit Salz, Pfeffer und Muskatnuss würzen. Geflügelfond und Sahne zugießen, alles zu einer dicken Masse einkochen und erkalten lassen. Eine kleine Suppenkelle mit je einem Wirsingblatt auslegen, Masse einfüllen und zu Bällchen formen. Anschließend die Bällchen in einer gebutterten Pfanne langsam heiß werden lassen.

Bohnen und Birnen

Für 4 Portionen:
200 g grüne Bohnen
Salz
2 Thymianzweige
4 Schalotten
2 Williams-Christ-Birnen
200 g Zucker
100 ml Apfelsaft
100 ml Dunkler Geflügelfond (s. S. 62)
Salz und Pfeffer aus der Mühle

Die geputzten Bohnen in siedendem Salzwasser mit etwas Thymian weich kochen. Kurz bevor die Bohnen gar sind, die geschälten und geviertelten Schalotten dazugeben und beides in Eiswasser abschrecken. Die Birnen schälen, entkernen und jede in sechs Spalten schneiden. Den Zucker in einem Topf karamellisieren, mit Apfelsaft ablöschen und um die Hälfte einkochen lassen. Die Birnen in diesem Apfelkaramell bissfest kochen. Die Bohnen samt Schalotten im mit abgezupften Thymianblättern gewürzten Geflügelfond erhitzen. Mit Salz und Pfeffer abschmecken und beides gemeinsam auf einem Teller anrichten.

Lüneburger Spargel

Für 4 Portionen:
2 kg Lüneburger Spargel
Salz und Zucker
Saft von 1/2 Limone
50 g Butter
1/4 Scheibe Toastbrot

Spargel gründlich schälen und die Enden bis zu einem Drittel abschneiden. In einem großen Topf reichlich Wasser aufkochen und mit Salz, Zucker und Limonensaft abschmecken. Butter und Toastbrot dazugeben und den Spargel in diesem Sud vorsichtig (je nach Stärke der Stangen) 7 bis 10 Minuten köcheln lassen. Spargel herausnehmen und kurz auf einem Tuch trockentupfen. Sofort servieren.

Gemüsegarnitur »Bordelaise«

Für 4 Portionen:
50 g Butter
2 TL Zucker
12 Perlzwiebeln
Salz
400 ml Spätburgunder
300 ml Dunkler Geflügelfond (s. S. 62)
12 Navets (kleine weiße Rüben)
Saft von 1 Limone
12 rosa Champignons
2 TL geklärte Butter
1 TL Thymianblätter

Etwas Butter in einem Topf aufschäumen und mit 1 Teelöffel Zucker karamellisieren. Die Perlzwiebeln schälen und dazugeben, kurz mitdünsten, salzen, mit Rotwein ablöschen und um die Hälfte reduzieren. Den Geflügelfond zugießen und alles erneut auf etwa ein Drittel einkochen lassen. Die Navets schälen und vierteln, restliche Butter aufschäumen lassen, Navets darin anschwitzen. Mit Salz und Limonensaft würzen und zugedeckt auf kleiner Flamme etwa 8 bis 10 Minuten weich dünsten. Die geputzten Champignons im Ganzen in geklärter Butter braten. Mit Salz und Thymian würzen und sämtliche Gemüse vor dem Servieren gemeinsam dekorativ anrichten.

Kartoffel-Paprika-Gulasch

Für 4 Portionen:
1 kg Kartoffeln
Salz
2 rote Paprikaschoten
1 Zwiebel
1 EL Olivenöl
1/4 l Heller Geflügelfond (s. S. 62)
5 EL Crème fraîche
Pfeffer aus der Mühle
Schale von 1 Zitrone
1 Msp. fein gehackter Kümmel
1 Bund glatte Petersilie

Kartoffeln schälen, in Würfel schneiden und in Salzwasser gar kochen. Zwiebel schälen und würfeln. Paprikaschoten schälen, entkernen und ebenso wie die Zwiebel in Würfel schneiden. Paprika-Abschnitte aufbewahren. Zwiebelwürfel und Paprika-Abschnitte in etwas Olivenöl anschwitzen, Geflügelfond zugießen und langsam köcheln lassen. Sobald der Paprika weich ist, Crème fraîche dazugeben und alles zusammen pürieren. Mit Salz, Pfeffer, geriebener Zitronenschale und Kümmel abschmecken. Kartoffel- und Paprikawürfel dazugeben und etwa 4 bis 5 Minuten köcheln lassen. Mit gehackter Petersilie vollenden.

Selleriepüree

Für 4 Portionen:
1 Knollensellerie
2 Schalotten
2 EL Butter
200 g Crème double
2 EL Crème fraîche
Salz
1 Spritzer Limonensaft

Knollensellerie und Schalotten schälen und in feine Würfel schneiden. Schalotten in etwas Butter anschwitzen, Knollensellerie dazugeben und ohne Deckel bei milder Hitze etwa 30 Minuten garen. Dann Crème double und Crème fraîche hinzugeben, aufkochen lassen und anschließend im Mixer pürieren. Mit Salz und Limonensaft abschmecken. Vor dem Servieren durch ein Sieb streichen und anrichten.

Glasierte Kaiserschoten

Für 2 Portionen:
100 g frische Kaiserschoten
50 g Butter
Salz und Pfeffer aus der Mühle
1 Prise geriebene Muskatnuss
3 EL weißer Portwein
3 EL Orangensaft
150 ml Heller Geflügelfond (s. S. 62)
1 EL kalte Butterflöckchen

Die Kaiserschoten in schäumender Butter schwenken. Mit Salz, Pfeffer und Muskatnuss würzen, mit Portwein und Orangensaft ablöschen. Einkochen lassen, Geflügelfond zugießen und die Schoten darin kurz ziehen lassen, bis sie gar sind. Mit kalter Butter binden.

»... eine kleine Suppenkelle mit je einem Wirsingblatt auslegen ...«

Esskastanien

Für 2 Portionen:
je 1 TL Butter und Zucker
10 geschälte Esskastanien (Maronen)
1 EL in Julienne geschnittener Knollensellerie
300 ml Dunkler Geflügelfond (s. S. 62), reduziert auf 100 ml
2 cl Tresterschnaps
Salz

In einer Kasserolle Butter zerlassen und Zucker karamellisieren. Die Selleriestreifen dazugeben und kurz durchrösten. Die Maronen darauf setzen, mit der Fasanenjus ablöschen und sirupartig einkochen lassen, Maronen dabei schwenken. Zum Schluss mit Trester und etwas Salz abschmecken.

Kartoffelknödel

Für 4 Portionen:
1 mittelgroße, mehlig kochende Kartoffel
Salz
1 Eigelb
Pfeffer aus der Mühle
1 Prise geriebene Muskatnuss
250 g rohe Kartoffeln
Für die Füllung:
1 Scheibe entrindetes Toastbrot
2 EL Butter
1 EL gehackter Majoran

Die Kartoffel waschen und in der Schale in Salzwasser kochen. Noch heiß schälen und im heißen Backofen 10 Minuten ausdämpfen lassen. Heiß durch ein Sieb drücken. Eigelb, Salz, Pfeffer und Muskatnuss einmengen. Die rohen Kartoffeln reiben und dazugeben. Toastbrot in kleine Würfel schneiden, in zerlassener Butter goldgelb rösten und auf einem Sieb abtropfen lassen. Croûtons mit Majoran mischen. Circa 1 Teelöffel der Croûtonmasse als Füllung mit Kartoffelteig umhüllen und die Knödel mit nassen Händen in Form bringen. In siedendem Salzwasser etwa 10 bis 15 Minuten kochen, bis die Knödel aufsteigen.

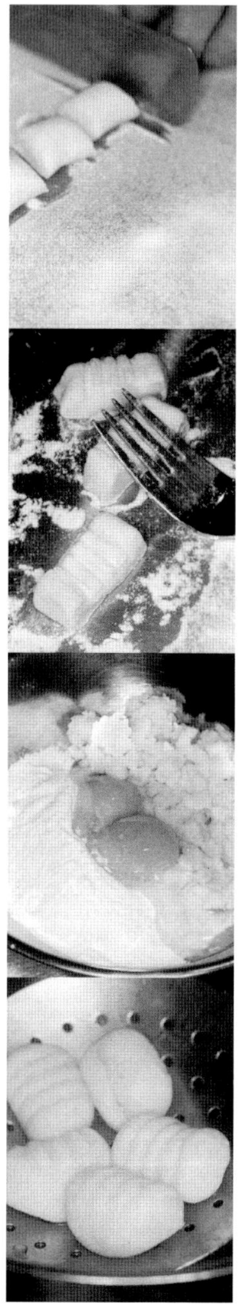

Kartoffelblini

Für 4 Portionen:
2 große, mehlig kochende Kartoffeln
4 EL Sahne
2 EL Milch
2 Eier
Salz und Pfeffer aus der Mühle
1 Prise geriebene Muskatnuss
Öl zum Herausbacken

Die Kartoffeln in der Schale weich kochen. Das Wasser abgießen und die Kartoffeln am Herd zugedeckt (oder im heißen Backofen) etwas ausdampfen lassen. Kartoffeln schälen, durch die Kartoffelpresse drücken und anschließend mit den übrigen Zutaten zu einem Teig verarbeiten. Mit den Gewürzen abschmecken und mindestens 1 Stunde ruhen lassen. In einer Pfanne mit heißem Öl kleine Pfannkuchen von 3 bis 4 cm Durchmesser goldbraun braten, wenden und fertig backen.
Mein Tipp: Dieselbe Masse eignet sich übrigens auch hervorragend zum Überbacken von verschiedenen Gerichten oder als Farce.

Kartoffelkroketten

Für 4–6 Portionen:
4 mittelgroße, mehlig kochende Kartoffeln
Salz
2 Eigelb
3–4 EL Mehl
2 EL Butter
100 g Mehl zum Panieren
2 Eier zum Panieren
100 g Paniermehl
Fett zum Ausbacken

Kartoffeln schälen, waschen und in Salzwasser weich kochen, Wasser abschütten und Kartoffeln im Backofen bei offener Tür bei 150 °C 15 Minuten ausdampfen lassen. Durch eine Kartoffelpresse drücken und mit den restlichen Zutaten zu einem Teig vermengen. Auf einer bemehlten Arbeitsfläche daumendicke Rollen formen, diese in etwa 5 cm lange Kroketten schneiden und kalt stellen. Kroketten anschließend in Mehl, verquirlten Eiern und Paniermehl wenden und in heißem Fett schwimmend ausbacken.
Mein Tipp: Für Mandelbällchen werden aus dieser Masse Bällchen geformt, die dann in Mehl, Ei und Mandelblättern gewälzt und in heißem Fett herausgebacken werden.

Kartoffel-gratin

Für 4–6 Portionen:
2 EL Butter
800 g Kartoffeln
Salz und weißer Pfeffer aus der Mühle
1 Prise geriebene Muskatnuss
500 g Sahne
50 g geriebener Käse (Gouda)

Eine feuerfeste Gratinform gut mit Butter ausstreichen. Die Kartoffeln schälen, waschen, in feine Scheiben schneiden und dachziegelförmig in die Auflaufform einlegen. Mit Salz, Pfeffer und Muskatnuss würzen, mit der Sahne übergießen und den geriebenen Käse darüber streuen. Im vorgeheizten Backofen bei 200 °C etwa 15 bis 20 Minuten backen. Wird das Gratin zu rasch dunkel, kann die Hitze reduziert werden.

Herzogin-kartoffeln

Für 4 Portionen:
500 g mehlig kochende Kartoffeln
Salz
1 Eigelb
1 Ei
2 EL Butter
weißer Pfeffer aus der Mühle
1 Prise geriebene Muskatnuss
Butter für das Backblech
1–2 Eigelb zum Bestreichen

Kartoffeln schälen, waschen und in Salzwasser garen, abseihen und im heißen Backofen bei geöffneter Türe etwas ausdampfen lassen. Durch die Kartoffelpresse drücken und mit dem Eigelb, dem Ei, Butter, Salz, Pfeffer und Muskatnuss vermengen. Die Masse in einen Spritzbeutel mit Sterntülle füllen und auf ein gefettetes Backblech kleine Rosetten aufspritzen. Rosetten mit Eigelb bestreichen und im vorgeheizten Backofen bei circa 200 °C goldbraun backen.

Bouillon-kartoffeln

Für 4–6 Portionen:
700 g fest kochende Kartoffeln
2 große Möhren
1/2 Sellerieknolle
1 Porree
1 l Rinderkraftbrühe (s. S. 42)
1 TL gehackter Majoran
1/2 Lorbeerblatt
Salz und weißer Pfeffer aus der Mühle
2 EL Schnittlauchröllchen

Kartoffeln, Möhren und Sellerie waschen, schälen und alles in gleichmäßige Würfel schneiden. Porree putzen und in Scheiben schneiden. Das Gemüse in einen Topf geben, mit der Rinderkraftbrühe übergießen, Gewürze beifügen und zugedeckt etwa 20 Minuten köcheln lassen. Am Ende der Garungszeit sollen die Kartoffeln die Brühe aufgesogen haben. Vor dem Servieren mit Schnittlauch bestreuen.

Kartoffeltaler

Für 4–6 Portionen:
Kartoffelkrokettenteig (s. nebenstehendes Rezept)
5 EL gehackter Schinken
4 EL gehackte glatte Petersilie
1 Estragonzweig
Salz und Pfeffer aus der Mühle
Butterschmalz zum Backen

Den Kartoffelteig wie angegeben zubereiten. Teig mit dem Schinken, der Petersilie und den gehackten Estragonblättern vermengen, mit Salz und Pfeffer nach Bedarf abschmecken. Zu einer Rolle formen und etwa 2 cm dicke Scheiben davon abschneiden. In einer Pfanne Butterschmalz heiß werden lassen und die Kartoffeltaler darin auf beiden Seiten goldbraun braten.

Kartoffel-gnocchi

Für 4–6 Portionen:
Kartoffelknödelteig (s. nebenstehendes Rezept)
Salz
2 EL Butter
1 Prise geriebene Muskatnuss

Kartoffelknödelteig wie angegeben zubereiten. Aus dem Teig fingerdicke Rollen formen und diese in 2 bis 3 cm lange Stücke schneiden. Jedes Stück mit einer Gabel so andrücken, dass der Abdruck als Muster zu sehen ist. In einem großen Topf reichlich Salzwasser aufkochen, die Gnocchi darin etwa 4 Minuten kochen, mit dem Schaumlöffel herausnehmen und auf einem Küchentuch abtropfen lassen. Je nach Verwendung und Geschmack in heißer Butter schwenken und eventuell mit Muskatnuss und Salz nachwürzen.
Mein Tipp: Italienische Akzente setzt man, wenn die fertigen Gnocchi mit gedünsteten Tomatenwürfeln, gehacktem Salbei und Parmesan serviert werden.

»Pilze sind das Fleisch
der Wälder.«

Morcheln in Petersilien-rahm

Für 4 Portionen:
500 g frische Morcheln
1 Schalotte
3 EL Butter
Salz und Pfeffer aus der Mühle
1 Spritzer Zitronensaft
400 g Sahne
1 Bund glatte Petersilie

Die Morcheln putzen, waschen und in der Salatschleuder trocknen. Eventuell in die Hälfte schneiden. Die Schalotte schälen, in kleine Würfel schneiden und in Butter anschwitzen. Morcheln dazugeben und mitanschwitzen. Mit Salz, Pfeffer und Zitronensaft abschmecken. Nun mit etwa 300 g Sahne aufgießen und kurz sämig einkochen. Restliche Sahne aufschlagen, alles noch einmal abschmecken und mit gehackter Petersilie sowie geschlagener Sahne vollenden.

Marinierte Pfifferlinge mit grünem Spargel

Für 4 Portionen:
16 Stangen grüner Spargel
Salz
2 Tomaten
200 g Pfifferlinge
4 EL Olivenöl
4 Frühlingszwiebeln
2 EL Butter
Pfeffer aus der Mühle
2 EL Champagner-essig

Vom Spargel die Enden abschneiden. In einem Topf reichlich Salzwasser aufkochen, Spargel knackig kochen und sofort in Eiswasser abschrecken. Tomaten kreuzweise einschneiden, in kochendem Salzwasser blanchieren, in Eiswasser abschrecken und Haut abziehen. Dann die Tomaten vierteln und das Kerngehäuse entfernen. In einer Pfanne die geputzten Pfifferlinge in wenig Öl anbraten. Die Zwiebeln schälen, hacken, in Butter anschwitzen, Tomaten kurz mitdünsten, Spargel und Pilze dazugeben und alles mit Salz, Pfeffer, Champagneressig und etwas Olivenöl abschmecken.

Steinpilz-Palbohnen-Ragout

Für 4 Portionen:
200 g Palbohnen (frische, kleine weiße Bohnen)
1 l Heller Geflügel-fond (s. S. 62)
Salz
12 feste, kleine Steinpilze
Pfeffer aus der Mühle
4 EL Olivenöl
2 EL zerlassene Butter
4 EL eiskalte Butterwürfel
1 EL steirisches Kürbiskernöl
2 EL Balsamico-Essig

Die Bohnen im leicht gesalzenen Geflügelfond weich kochen, abseihen und warm halten. Die Steinpilze halbieren und auf einer Alufolie verteilen. Mit Salz und Pfeffer würzen, mit 2 Esslöffel Olivenöl, der zerlassenen Butter und 2 Esslöffel Geflügelfond beträufeln. Geputzte Pilze mit einem zweiten Stück Alufolie bedecken und so verschließen, dass keine Flüssigkeit austreten kann. Im 200 °C heißen Backofen 10 Minuten garen. Die Steinpilze mit dem gewonnenen Sud in einen Topf zu den warm gehaltenen Bohnen geben, restliches Olivenöl einrühren. Zum Binden nach und nach die eiskalten Butterwürfel in das Ragout einrühren und mit Kürbiskernöl und nach Belieben auch Balsamico-Essig verfeinern.

Gelber Nudelteig (Ravioliteig)

Für 6 Portionen:
250 g Weizendunst (Instantmehl, Type 405)
50 g feiner italienischer Grieß
5 Eigelb
1 Ei
2 cl geschmacksneutrales Öl
1–3 EL Wasser
1 TL Salz
eventuell 2 EL Butter zum Schwenken

Mehl und Grieß vermischen, mit den restlichen Zutaten in einer Schüssel zu einem geschmeidigen Teig verkneten. Je nach Konsistenz etwas Wasser dazugeben, abdecken und 1 Stunde ruhen lassen. Den Teig dünn ausrollen und in beliebige Formen schneiden. Je nach Verwendung weiterverarbeiten oder einfach nur kurz in Salzwasser kochen und in Butter geschwenkt servieren.

Mein Tipp: Mit einer Nudelmaschine (die übrigens auch sehr preisgünstig angeboten wird) lässt sich der Nudelteig nicht nur bequem auf die gewünschte Stärke ausrollen, sondern man kann daraus auch beliebige Nudeln, wie etwa dünne Spaghetti, Tagliatelle etc., herstellen.

Roter Nudelteig

Für 6 Portionen:
1/2 l Rote-Bete-Saft
5 Eigelb
1 Ei
2 cl geschmacksneutrales Öl
1–3 EL Wasser
1 TL Salz
250 g Weizendunst (Instantmehl, Type 405)
50 g feiner italienischer Grieß

In einem Topf den Rote-Bete-Saft so lange einkochen lassen, bis nur mehr 4 cl übrig sind. Auskühlen lassen und mit Eigelb, Ei, Öl, Wasser und Salz gut vermengen. Mit Mehl und Grieß zu einem geschmeidigen Teig verkneten. Je nach Konsistenz etwas Wasser dazugeben, abdecken und 1 Stunde ruhen lassen. Den Teig dünn ausrollen und je nach Verwendung weiterverarbeiten.

Cucina tricolore

Die Idee, die italienischen Landesfarben in der Küche zu verwenden, stammt vom Pizzakoch Raffaele Esposito: Er widmete der neapolitanischen Königin Margherita 1889 eine Pizza mit roten Tomaten, grünem Basilikum und weißem Mozzarella – womit die Tricolore perfekt war.

Schwarzer Nudelteig

Für 6 Portionen:
40 g Tintenfischfarbe (im Feinkostladen erhältlich)
250 g Weizendunst (Instantmehl, Type 405)
50 g feiner italienischer Grieß
5 Eigelb
1 Ei
2 cl geschmacksneutrales Öl
1–3 EL Wasser
1 TL Salz
eventuell 2 EL Butter zum Schwenken

Die Tintenfischfarbe mit Mehl und Grieß gut vermischen. Die restlichen Zutaten mit einem Schneebesen vermengen und alles zusammen in einer Schüssel zu einem glatten Teig verkneten. Je nach Konsistenz etwas Wasser dazugeben, abdecken und 30 Minuten ruhen lassen. Den Teig sehr dünn ausrollen und in beliebige Formen schneiden. Wenn keine andere Verwendung vorgesehen ist, die Nudeln kurz in Salzwasser kochen und, einfach in Butter geschwenkt, servieren.

Grüner Nudelteig (Raviolteig)

Für 6 Portionen:
300 g Blattspinat
1–1 1/2 l Wasser für den Spinat
250 g Weizendunst (Instantmehl, Type 405)
50 g Grieß
5 Eigelb
1 Ei
2 cl geschmacksneutrales Öl
1–3 EL Wasser
1 TL Salz
1 Prise geriebene Muskatnuss
eventuell 2 EL Butter zum Schwenken

Den Spinat waschen, Stiele entfernen und mit Wasser mixen. Alles durch ein feines Sieb seihen und das im Sieb verbliebene Püree durch ein Tuch pressen. Das durchgeseihte Spinatwasser bei mittlerer Hitze erwärmen. Bei etwa 80 °C trennt sich das Grün vom Wasser. Wasser einmal leicht aufkochen und durch ein Passiertuch abseihen. Im Passiertuch bleibt nun die nötige grüne Farbe zurück. Aus den restlichen Zutaten einen Nudelteig kneten, die grüne Farbe hinzufügen und nochmals gut durchkneten. Den Teig dann etwa 1 Stunde zugedeckt ruhen lassen. Nach der Ruhezeit Teig sehr dünn ausrollen, in beliebige Formen schneiden.

Ricotta-Ravioli

Für 4–6 Portionen:
150 g Ricotta
1 TL Crème fraîche
1 EL Schnittlauchröllchen
1 EL gehacktes Basilikum oder gehackte Brunnenkresse
Salz und weißer Pfeffer aus der Mühle
Gelber Nudelteig nach Rezept (s. S. 93)
Mehl für die Arbeitsfläche
1 Eigelb zum Bestreichen

Ricotta mit Crème fraîche verrühren, die gehackten Kräuter beifügen und mit Salz und Pfeffer würzen. Den vorbereiteten Nudelteig dünn ausrollen, auf eine bemehlte Arbeitsplatte legen und mit Eigelb bestreichen. Die Ricottamasse mithilfe eines Spritzsacks in regelmäßigen Abständen auf eine Hälfte des Teiges auftragen. Die andere Hälfte darüber klappen und vorsichtig andrücken. Mit einem runden Ausstecher oder einem passenden Glas runde Ravioli ausstechen (bzw. mit einem Teigrad kleine Quadrate ausschneiden). Reichlich Salzwasser aufkochen, Ravioli einlegen und leicht wallend 3 Minuten garen. Herausheben und je nach Bedarf in Butter anschwitzen oder als Beilage verwenden

Mein Tipp: Ziegenkäse-Ravioli werden nach demselben Rezept, allerdings ohne Kräuter zubereitet. Ricotta-Ravioli eignen sich hervorragend als Suppeneinlage.

Kartoffel-Ravioli

Für 4 Portionen:
500 g mehlig kochende Kartoffeln
Salz
1 Msp. Kümmel
1 Eigelb
1 EL Crème fraîche
Salz und Pfeffer aus der Mühle
1 Prise geriebene Muskatnuss
1 EL gehackte Kräuter (glatte Petersilie, Schnittlauch und Kerbel)
Gelber Nudelteig nach Rezept (s. S. 93)
Mehl für die Arbeitsfläche
1 Eigelb zum Bestreichen

Die Kartoffeln waschen und in mit etwas Kümmel gewürztem Salzwasser kochen, schälen, durch ein Sieb streichen und mit Eigelb sowie Crème fraîche vermengen. Mit Gewürzen abschmecken und auskühlen lassen. Kräuter in die erkaltete Masse einarbeiten. Anschließend dann die Kartoffel-Ravioli wie im Ricotta-Ravioli-Rezept (s. nebenstehendes Rezept) beschrieben vollenden.

Kalbsbries-Ravioli

Für 4 Portionen:
1–2 Schalotten
1 EL Butter
300 g Kalbsbries
1 Thymianzweig
Salz und Pfeffer aus der Mühle
1 Prise geriebene Muskatnuss
100 ml Dunkler Kalbsfond (s. S. 62)
50 g Kalbfleisch
50 g Sahne
Gelber Nudelteig nach Rezept (s. S. 93)
Mehl für die Arbeitsfläche

Schalotten schälen, fein schneiden und in etwas Butter anschwitzen. Geputztes und gewässertes Kalbsbries klein schneiden, dazugeben und mitanschwitzen. Thymian einlegen und alles mit Salz, Pfeffer und Muskatnuss würzen. Kalbsfond zugießen, reduzieren, Thymian entfernen und auskühlen lassen. In einer Küchenmaschine das klein geschnittene Kalbfleisch mixen und langsam Sahne zugießen, Masse durch ein Sieb streichen. Erkaltetes Kalbsbries mit der Masse vermengen und nochmals abschmecken. Ravioli wie im Ricotta-Ravioli-Rezept (s. nebenstehendes Rezept) beschrieben vollenden.

Schwäbische Maultaschen

Für 4–6 Portionen:
1/2 Brötchen
Milch zum Einweichen
250 g Hackfleisch
100 g Bratwurstbrät
80 g Frühstücksspeck
1 Zwiebel
200 g frischer Blattspinat
2 EL gehackte glatte Petersilie
Salz und weißer Pfeffer aus der Mühle
1 Prise geriebene Muskatnuss
Gelber Nudelteig nach Rezept (s. S. 93)
1 Eiweiß zum Bestreichen
Rinderkraftbrühe zum Kochen (s. S. 42)
1/2 Bund glatte Petersilie

Brötchen in Milch einweichen, ausdrücken und mit Hackfleisch und Bratwurstbrät vermischen. Speck und geschälte Zwiebel in kleine Würfel schneiden, in einer Pfanne anbraten. Spinat kurz blanchieren, in Eiswasser abschrecken, abtropfen lassen und grob hacken. Alle Zutaten miteinander vermengen, Petersilie hinzugeben und mit Salz, Pfeffer und Muskatnuss abschmecken. Den vorbereiteten Nudelteig dünn ausrollen und in 8 cm große Quadrate schneiden, Teigränder mit Eiweiß bestreichen. Die Fülle mit einem Löffel jeweils in die Mitte setzen, Teigstücke diagonal zusammenklappen und die Ränder fest andrücken. Anschließend die Maultaschen in leicht siedender Rinderkraftbrühe 10 bis 12 Minuten kochen lassen. Die Maultaschen in der Brühe servieren und mit gehackter Petersilie bestreuen.

Hummer-Maultaschen

Für 4 Portionen:
100 g Fischfilet
1 EL Eiweiß
Salz und Cayennepfeffer
1 EL Noilly-Prat
1 EL Pernod
100 g Sahne
Fleisch von 1 ausgelösten Hummer
3/4 l Hummerfond, auf 100 ml reduziert (s. S. 61 Krebsfond, Tipp)
1 EL gehackter Estragon
Gelber Nudelteig nach Rezept (s. S. 93)
1 Eiweiß zum Bestreichen
Rinderkraftbrühe zum Kochen (s. S. 42)

Fischfilet in kleine Würfel schneiden, Eiweiß dazugeben und mit Salz, Cayennepfeffer, Noilly-Prat sowie Pernod marinieren. Für 15 Minuten ins Tiefkühlfach stellen. Sahne unter die Masse mengen und alles im Mixer zu einer geschmeidigen Farce verarbeiten. Hummerfleisch in kleine Würfel schneiden und gemeinsam mit reduziertem Hummerfond und Estragon unter die Masse rühren. Abschließend nochmals abschmecken. Wie bei den Schwäbischen Maultaschen (s. nebenstehendes Rezept) beschrieben vollenden.

Gemüselasagne

Für 4–6 Portionen:
100 g frischer Blattspinat
Salz
1 Kohlrabi
1 mittelgroßer Knollensellerie
3 Möhren
1 Zucchini
Gelber Nudelteig nach Rezept (s. S. 93)
Butter zum Fetten der Form
Sauce béchamel (s. S. 79)
weißer Pfeffer aus der Mühle
1 Prise geriebene Muskatnuss

Den Blattspinat waschen, putzen, kurz in Salzwasser blanchieren und in Eiswasser abschrecken, dann abtropfen lassen. Kohlrabi, Möhren und Sellerie schälen und mit dem Zucchini in 3 mm dünne Scheiben schneiden, blanchieren und abschrecken. Den vorbereiteten Nudelteig sehr dünn ausrollen, in 15 x 7 cm breite Stücke schneiden, Teigblätter kurz in kochendem Salzwasser blanchieren, abtropfen lassen und in eine feuerfeste, gebutterte Backform legen. Nun abwechselnd Gemüse, Sauce béchamel und Teigblätter in die Form schichten. Dabei jede Lage etwas würzen. Den Abschluss bildet eine Nudelschicht, die mit Béchamel bedeckt ist. Im vorgeheizten Backofen bei 200 °C etwa 30 Minuten backen.

»Pasta la vista, Signori!«

»… bis der Risotto fast gar,
aber immer noch bissfest ist.«

Rotwein-Risotto

Für 6 Portionen:
1 Stange Staudensellerie
2 Schalotten
4 EL kaltgepresstes Olivenöl
300 g Risotto-Reis
Salz und Pfeffer aus der Mühle
1/2 l roter Portwein, auf 1/3 l reduziert
1/2 l Rotwein, auf 1/3 l reduziert
2 Lorbeerblätter
3/4 l Heller Geflügelfond (s. S. 62)
50 g frisch geriebener Parmesan
etwas Butter zum Verfeinern

Den Sellerie und die Schalotten schälen, in Brunoise schneiden und in Olivenöl anschwitzen. Den Reis dazugeben und mitanschwitzen. Mit Salz und Pfeffer würzen, mit Portwein ablöschen und mit erhitztem Rotwein aufgießen, bis der Risotto etwa 1 bis 2 Finger breit bedeckt ist. Die Lorbeerblätter hinzugeben und alles auf sehr kleiner Flamme köcheln lassen, bis die Flüssigkeit verkocht ist. Nun nach und nach mit dem Fond aufgießen, bis der Risotto fast gar, aber noch bissfest ist. Zum Abschluss mit Parmesan und ein wenig Butter verfeinern.

Safran-Risotto

Für 4 Portionen:
2 Schalotten
2 EL kaltgepresstes Olivenöl
200 g Risotto-Reis (Riso superfino Carnaroli)
100 ml Weißwein
600 g Heller Geflügelfond (s. S. 62)
Salz und Pfeffer aus der Mühle
15 Safranfäden
30 g frisch geriebener Parmesan
50 g kalte Butter
3 EL geschlagene Sahne

Schalotten schälen, fein hacken, Olivenöl leicht erhitzen und die Schalotten darin glasig anschwitzen. Reis hinzufügen, kurz mitanschwitzen, mit Weißwein ablöschen und den Alkohol verkochen lassen. Geflügelfond zugießen, mit Salz und Pfeffer würzen und bei kleiner Hitze garen. Währenddessen ab und an umrühren, damit sich der Risotto nicht ansetzt. Gegen Garungsende den Safran untermengen. Sobald der Risotto bissfest gegart ist, zunächst den Parmesan, dann die kalte Butter und die geschlagene Sahne einrühren. Gegebenenfalls nochmals nachwürzen und sofort servieren.

Küchen-Diamanten

Als »Diamanten der Küche« bezeichnete der Gastrosoph Brillat-Savarin die Trüffel und fügte hinzu: »Sie sind zwar kein absolutes Liebesmittel, vermögen aber Frauen nachgiebiger und Männer liebenswürdiger zu stimmen.«

Trüffel-Risotto

Für 4 Portionen:
1 Schalotte
1 EL Öl
100 g Staudensellerie
60 g Périgord-Trüffeln
200 g Risotto-Reis
Salz und Pfeffer aus der Mühle
100 ml Champagner
1/2 l Heller Geflügelfond (s. S. 62)
2 EL frisch geriebener Parmesan
50 g kalte Butterstücke

Die Schalotte schälen, fein schneiden und in Öl kurz anschwitzen. Sellerie putzen, in feine Würfel schneiden und dazugeben. Trüffeln ebenfalls putzen, in Würfel schneiden und mitsautieren. Reis untermengen, glasig anschwitzen, würzen und dann mit Champagner ablöschen. Kurz einkochen lassen, mit dem Geflügelfond aufgießen und zugedeckt etwa 18 Minuten bissfest garen. Vor dem Servieren frisch geriebenen Parmesan und kalte Butter unterziehen. Bei Bedarf nochmals abschmecken.

»Ein guter Knödel
ist eine kulinarische Weltkugel.«

Kalbsbries-knödel

Für 4 Portionen:
500 g 2–3 Tage alte Brioche
Salz
1 Prise geriebene Muskatnuss
200 ml Milch
250 g Kalbsbries
2 EL Butter
1 Ei
2 Eigelb
1 EL gehackte glatte Petersilie

Brioche in Würfel schneiden, mit Salz und Muskatnuss würzen. Die Milch zum Kochen bringen, über die Briochewürfel gießen und kurz ziehen lassen. Währenddessen das gesäuberte und pochierte Kalbsbries in kleine Würfel schneiden, in Butter anbraten und erkalten lassen. Kaltes Bries unter die Briochemasse mengen, Ei, Eigelb und Petersilie unterrühren. Die Masse noch einmal mit Salz und Muskatnuss abschmecken und mit befeuchteten Händen Knödel formen. Reichlich Salzwasser aufkochen, Knödel einlegen, Hitze reduzieren und die Knödel 10 bis 15 Minuten gar ziehen lassen.

Semmelknödel

Für 4 Portionen:
6 Brötchen vom Vortag oder 250 g getrocknetes Toastbrot
Salz und weißer Pfeffer aus der Mühle
1 Prise geriebene Muskatnuss
400 ml Milch
1 Zwiebel
4 EL Butter
1 Bund glatte Petersilie
3 Eier

Brötchen oder Toastbrotscheiben in Würfel schneiden, in eine Schüssel geben und mit Salz, Pfeffer und Muskatnuss würzen. Milch erhitzen und lauwarm über die Brötchen gießen. Zwiebel schälen, in kleine Würfel schneiden und mit etwas Butter in einer Pfanne glasig anschwitzen, dann abkühlen lassen. Petersilie waschen und fein hacken, alle Zutaten mit den Eiern unter die eingeweichten Brötchen mengen, durchrühren und 20 Minuten ziehen lassen. Reichlich Salzwasser zum Kochen bringen. Aus der Masse mit nassen Händen Knödel formen und etwa 20 Minuten leicht wallend garen. Mit einem Schaumlöffel herausnehmen und servieren.

Serviettenknödel

Für 4–6 Portionen:
500 g altbackenes Weißbrot oder Toastbrot
Salz und weißer Pfeffer aus der Mühle
1 Prise geriebene Muskatnuss
1 Zwiebel
2 EL Butter
3 EL gehackte glatte Petersilie
4 Eigelb
250 g Sahne
1/4 l Milch
4 Eiweiß
Butter zum Bestreichen

Brot in Würfel schneiden und würzen. Zwiebel schälen, in feine Würfel schneiden, in etwas Butter anschwitzen und unter die Brotwürfel mengen. Petersilie und Eigelb zugeben, Sahne und Milch erwärmen, über die Masse gießen und etwas ziehen lassen. Eiweiß mit 1 Prise Salz steif schlagen, unterziehen und 30 Minuten ruhen lassen. Eine nasse Serviette gründlich mit zerlassener Butter einstreichen. Aus der Brotmasse eine Rolle formen, straff in die Serviette einrollen und die Enden mit Küchengarn abbinden. Reichlich Salzwasser aufkochen, Rolle einlegen und schwach wallend etwa 40 Minuten kochen lassen. Herausheben, auspacken, in Scheiben schneiden und vor dem Servieren mit zerlassener Butter bestreichen.
Mein Tipp: Man kann die in Scheiben geschnittenen Knödel auch in brauner Butter beidseitig knusprig anbraten.

Pumpernickel-knödel

Für 4 Portionen:
50 g Pumpernickel
150 g entrindetes Weißbrot
1/2 l Milch
1 EL Butter
3 Eiweiß
2 Eigelb
Salz

Pumpernickel und Weißbrot in kleine Würfel schneiden und getrennt in je einer Schüssel trocknen lassen. Milch mit Butter aufkochen lassen und Brotwürfel damit übergießen, etwa 10 Minuten abgedeckt quellen lassen. Die eingeweichten Brotwürfel nun miteinander vermengen. Eiweiß cremig schlagen, Eigelb vorsichtig unterheben und der Brotmasse beigeben. Die Masse etwas ruhen lassen. Mit nassen Händen kleine Knödel formen und in leicht siedendem Salzwasser kochen, bis sie an die Oberfläche steigen.

Pallfy-Knödel

Für 4 Portionen:
200 g Brioche vom Vortag
Salz
1 Prise geriebene Muskatnuss
100 ml Milch
1 Ei
1 Eigelb

Brioche in Würfel schneiden und mit Salz und Muskatnuss würzen. Die Milch in einem Topf erhitzen und über die Briochewürfel gießen, kurz ziehen lassen. Die Eier und das Eigelb untermengen und nochmals abschmecken. Mit nassen Händen aus dem Teig kleine Knödel formen. Reichlich Salzwasser aufkochen, die Knödel einlegen und etwa 5 Minuten ziehen lassen. Sofort servieren.

Kartoffel-strudel

Für 4 Portionen:
3 mittelgroße, mehlig kochende Kartoffeln
20 g geräucherter Speck
1 mittelgroße Zwiebel
150 g Kartoffelwürfel
2 EL Butter zum Anrösten
4 Eigelb
1 EL gehackte glatte Petersilie
Salz und Pfeffer aus der Mühle
1 Prise getrockneter Majoran
Strudelteig nach Rezept (s. S. 133)
Butter zum Bestreichen

Die Kartoffeln kochen, schälen und noch lauwarm durch eine Kartoffelpresse drücken. Speck und geschälte Zwiebel in Würfel schneiden und goldgelb rösten. Die blanchierten Kartoffelwürfel in Butter braun rösten. Kartoffelteig herstellen, mit Salz, Pfeffer und Majoran würzen. Vorbereiteten Strudelteig auf einer Arbeitsfläche ausbreiten, Kartoffelmasse darin einschlagen. Den Strudel gut mit Butter bestreichen und bei 200 °C 25 bis 30 Minuten backen.

Mein Tipp: Für einen Steinpilz-Kartoffel-Strudel mischen Sie zur Abwechslung frische, klein gehackte Steinpilze unter die Kartoffelfülle.

Nockerln

Für 4 Portionen:
500 g Mehl (möglichst Type 480)
3 Eier
3 Eigelb
200 ml Milch
1 EL Öl oder flüssige Butter
Salz
2 EL Butter zum Schwenken

In einer Schüssel Mehl, Eier, Eigelb, Milch, Fett und Salz zu einem glatten Teig verrühren. In einem möglichst großen, breiten Topf reichlich Salzwasser zum Kochen bringen. Den Teig durch ein Nockerlsieb (Spätzlehobel) direkt in das siedende Wasser einkochen. Dabei stets mit dem Kochlöffel umrühren, damit keine Klumpen entstehen. Nockerln etwa 3 Minuten kochen, abseihen, heiß abschwemmen. Butter schmelzen, Nockerln darin schwenken, salzen und anschließend gleich servieren.

Schupfnudeln

Für 4–6 Portionen:
Kartoffelknödelteig nach Rezept (s. S. 88)
Mehl für die Arbeitsfläche
Salz
2 EL geklärte Butter

Den Teig nach Anleitung zubereiten. Auf einem bemehlten Blech zuerst kleine Kügelchen formen. Diese dann zu fingerlangen Nudeln formen, die an den Enden spitz zulaufen. In einem Topf reichlich Salzwasser zum Kochen bringen, Nudeln einlegen und kurz darin blanchieren. Anschließend kalt spülen, abtropfen lassen und in geklärter Butter braten.
Mein Tipp: Wenn die Schupfnudeln als Beilage zu Schmor- und Wildgerichten dienen sollen, bestreut man sie vor dem Servieren noch mit gehackter glatter Petersilie.

Blini

Für 4 Portionen:
25 g Hefe
1/8 l lauwarme Milch
125 g Mehl
1 Prise Zucker
3–5 Eier
50 g Buchweizenmehl
50 g Weizenmehl
Salz
Fett zum Herausbacken

Die Hefe in der lauwarmen Milch auflösen und mit Mehl, Zucker und den Eiern vorsichtig vermischen. Den Teig mit einem feuchten Tuch abdecken und an einem warmen Ort aufgehen lassen. Buchweizenmehl, Weizenmehl und 1 Prise Salz dazugeben und alles zu einem festen Teig kneten. In einer Pfanne Fett erhitzen. Den Teig als kleine flache Krapfen in das heiße Fett einlegen und auf einer Seite goldbraun backen, umdrehen und im heißen Backofen 1 Minute lang fertig garen.

Polenta

Für 4 Portionen:
600 ml Milch
150 g Sahne
120 g Butter
Salz und Pfeffer aus der Mühle
1 Prise geriebene Muskatnuss
200 g Maisgrieß (Polenta)
2 Eier
10 Eigelb
2 EL Butter

Milch, Sahne, Butter und Gewürze zusammen aufkochen lassen. Den Maisgrieß langsam unter ständigem Rühren in die heiße Mischung einmengen. Kurz aufkochen lassen und dann zum Abkühlen vom Feuer nehmen. Eier und Eigelb unterziehen und noch einmal abschmecken. Den Teig etwa 1 1/2 bis 2 cm hoch in eine mit Backpapier ausgelegte Escoffierschale (Backform) einfüllen und abgedeckt bei 180 °C im Backofen etwa 30 Minuten lang backen. Polenta vollständig auskühlen lassen. Die erkaltete Polenta in eine beliebige Form schneiden oder ausstechen und in einer Pfanne in Butter goldgelb backen.

Griessnockerln

Für 4 Portionen:
50 g Butter
1 Ei
100 g Grieß
Salz und Pfeffer
1 Prise Muskatnuss
1 1/2 gut gewürzte Rinderkraftbrühe (s. S. 42)

Die Butter mit einem Handrührgerät schaumig schlagen. Ei zugeben und so lange verrühren, bis eine feste, glatte Masse entsteht. Grieß mit Salz, Pfeffer und Muskatnuss vermischen und untermengen. Wieder mit dem Mixer verrühren und mit einem Kochlöffel nochmals durcharbeiten. Brühe zum Kochen bringen und die mit 2 Teelöffeln in Form gebrachten Nocken etwa 5 Minuten leicht wallend köcheln lassen. Nocken ab und zu drehen, damit der Grieß an allen Seiten aufgehen kann und 10 Minuten ohne Hitze ziehen lassen.

Als gebürtiger Österreicher hat Josef Viehhauser zu Strudeln, Nockerln, Knödeln und Schupfnudeln eine ganz besonders innige Beziehung.

Schwäbischer Zwiebelkuchen

Für 4 Portionen:
Für den Teig:
200 g Mehl (Type 405)
1 Prise Salz
10 g Hefe
1/8 l lauwarme Milch
4 EL Butter
Mehl für die Arbeitsfläche
Butterschmalz für die Form
Für den Belag:
7–8 große Zwiebeln
3 EL Butterschmalz
75 g Frühstücksspeck
Salz und weißer Pfeffer aus der Mühle
250 g saure Sahne
3 Eier
1 Msp. gemahlener Kümmel
1 EL Butterflocken
4–5 EL gehackte glatte Petersilie

Für den Teig zunächst Mehl in eine Schüssel sieben, salzen, in die Mitte eine Mulde drücken, Hefe zwischen den Fingern zerteilen, hinein geben und mit warmer Milch und weicher Butter zu einem glatten Teig verkneten. Zugedeckt 30 Minuten ruhen lassen. Teig auf einer bemehlten Arbeitsfläche ausrollen und eine gefettete Backform damit so auslegen, dass auch der Rand ausgekleidet ist. Für den Belag die Zwiebeln schälen, in feine Ringe schneiden und in Butterschmalz hell anschwitzen. Würfelig geschnittenen Speck dazugeben, mitrösten, mit Salz und Pfeffer würzen und etwas abkühlen lassen. Saure Sahne und Eier einmengen, mit Kümmel würzen und Masse auf dem Tortenboden verteilen. Butterflocken darüber verteilen und bei 200 °C 40 Minuten backen. Mit Petersilie bestreuen und warm servieren.

Kalbshirn-soufflé

Für 4 Portionen:
250 g Kalbshirn
1 Ei
2 Eigelb
2 EL Crème fraîche
5 feste Steinpilze
1 EL Olivenöl
2 EL gehackte glatte Petersilie
1 Spritzer Zitronensaft
Salz und weißer Pfeffer aus der Mühle
1 Prise geriebene Muskatnuss
Butter für die Formen

Das gewässerte und enthäutete Kalbshirn mit einem großen Messer fein hacken, mit Ei, Eigelb und Crème fraîche vermengen. Steinpilze in Würfel schneiden und in Olivenöl anbraten. Petersilie zu den Steinpilzen geben, kurz mitanschwitzen. Erkaltete Pilze unter die Hirnmasse mischen, mit Zitronensaft, Salz, Pfeffer und Muskatnuss abschmecken und in gebutterte Souffléförmchen aufteilen, in ein heißes Wasserbad stellen und zugedeckt im vorgeheizten Backofen bei 160 °C etwa 15 Minuten pochieren.

Mein Tipp: Servieren Sie dazu feine Steinpilze und Rieslingsauce (s. S. 77).

Artischockenkuchen

Für 4 Portionen:
4 Artischocken
Salz
Saft von 3 Zitronen
3 EL Crème fraîche
1 Eigelb
1 EL Paniermehl
Pfeffer aus der Mühle
1 Prise geriebene Muskatnuss
Mehl, Eier und Paniermehl zum Panieren
Fett zum Herausbacken

Von den Artischocken das obere Drittel und den Stiel entfernen. Dann die Artischocken in Salzwasser mit Zitronensaft 30 Minuten kochen, auskühlen lassen und anschließend die Blätter bis zum Boden abzupfen. Mithilfe eines Löffels das Heu vom Boden entfernen. Jeden Artischockenboden mit einem scharfen Messer in vier Scheiben schneiden und mit einem runden Ausstecher in Form bringen. Die anfallenden Reste im Mixer pürieren, mit Crème fraîche und Eigelb vermischen und durch ein Sieb streichen. Masse mit Paniermehl vermengen und kräftig würzen. Eine Artischockenscheibe mit etwas Püree bestreichen und eine weitere Scheibe darauf legen. Wiederholen, bis vier Scheiben übereinander liegen. Die Kuchen leicht zusammendrücken und in Mehl, verquirlten Eiern und Paniermehl wälzen. Reichlich Fett gut erhitzen und die Kuchen darin goldgelb backen.

Kärntner Nudeln

Für 4 Portionen:
100 g griffiges Mehl
3–4 EL Milch
1 Ei
Salz
1 Prise geriebene Muskatnuss
170 g mehlig kochende Kartoffeln
170 g trockener Quark
1 Eigelb
1 kleine Schalotte
1 EL Butter

Aus Mehl, Milch, Ei und den Gewürzen einen glatten, festen Teig kneten und mindestens 30 Minuten ruhen lassen. Die gekochten Kartoffeln noch heiß schälen, vierteln, ausdampfen lassen und durch eine Kartoffelpresse drücken. Kartoffelmasse mit dem Quark und dem Eigelb vermengen und mit Salz und Muskatnuss abschmecken. Klein geschnittene Schalotte in Butter anschwitzen, kurz abkühlen lassen und unter die Masse heben. Alles gut verrühren. Den Teig (am besten mit einer Nudelmaschine) auf etwa 2 mm Stärke ausrollen und mit einem runden Ausstecher Kreise von etwa 3 1/2 cm Durchmesser ausstechen. Den ausgestochenen Nudelteig mit etwas Kartoffelmasse belegen, die Ränder mit Wasser befeuchten und fest zu Halbmonden zusammendrücken. Die Kärntner Nudeln ungefähr 5 Minuten in kochendem Salzwasser garen.

Mein Tipp: Aus diesem rustikalen Gericht können Sie dank der Champagner-Trüffel-Sauce (s. S. 71) eine kulinarische Delikatesse zaubern.

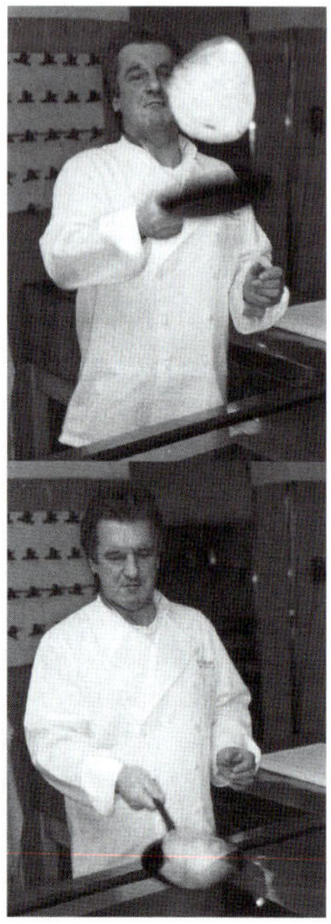

Crêpes mit Hackfleisch und Blattspinat

Für 4–6 Portionen:
1 Zwiebel
50 g Butterschmalz
1 grüne Paprikaschote
80 g Champignons
250 g Rinderhackfleisch
Salz und weißer Pfeffer aus der Mühle
200 g Blattspinat
3 EL Schnittlauchröllchen
1 EL Crème fraîche
8–12 Crêpes nach Rezept (s. S. 135)
Butter für die Form
Parmesan zum Gratinieren

Zwiebel schälen, fein schneiden und in Butterschmalz in einer Pfanne anrösten. Paprika ebenfalls schälen und würfeln. Champignons waschen, in Scheiben schneiden und zusammen mit den Paprikawürfeln anschwitzen. Dann das Hackfleisch beifügen und ebenfalls gut anbraten. Mit Salz und Pfeffer würzen. Den blanchierten Blattspinat grob hacken und mit dem Schnittlauch unter die Hackfleischmasse rühren, mit Crème fraîche verfeinern. Die Masse jeweils in die vorbereiteten Crêpes füllen, diese zusammenrollen und in eine gebutterte Auflaufform setzen. Zum Schluss mit Parmesan bestreuen und im vorgeheizten Backofen bei 220 °C etwa 8 Minuten überbacken.

Gut gekrendelt

Die Kärntner Nudeln, eine Spezialität aus Josef Viehhausers Heimat, sollten von Hand möglichst kunstvoll »abgedrückt«, in Kärnten sagt man »gekrendelt« werden. Daher auch das Sprichwort: »Ein Mädchen, das nicht krendeln kann, kriegt keinen Mann.«

Getrüffelte Griessnockerln

Für 4 Portionen:
1 Eischwer Butter (Gewicht bezieht sich auf das Gewicht mit Schale)
1 Ei
Salz
1 Prise geriebene Muskatnuss
2 Eischwer Feingrieß
20 g Périgord-Trüffeln

Die Butter schaumig schlagen. Das Ei verrühren und nach und nach vorsichtig der Butter beigeben. Die Masse mit Salz und Muskatnuss würzen und den Feingrieß untermischen. Die Trüffeln sauber bürsten, in ganz feine Würfel schneiden und unter die Masse heben. Mit 2 Esslöffeln Nockerln formen und diese in Salzwasser leicht wallend pochieren.

Fischer-Frühstück

Für 4–6 Portionen:
2 Schalotten
3 mittelgroße Kartoffeln
4 EL Butterschmalz
8–12 Eier
80–100 g Sahne
Salz und weißer Pfeffer aus der Mühle
1 Bund Schnittlauch
300 g frische Nordseekrabben

Schalotten schälen, in kleine Würfel hacken, die geschälten, gekochten Kartoffeln in Scheiben schneiden. Butterschmalz in einer großen Pfanne schmelzen, Kartoffelscheiben einlegen und gleichmäßig von beiden Seiten goldbraun braten, Schalotten hinzufügen und mitrösten. Eier mit Sahne verschlagen, mit Salz und Pfeffer würzen, fein geschnittenen Schnittlauch beifügen und über die Bratkartoffeln gießen. Pfanne schwenken und mit einem Kochlöffel rühren, bis eine cremige, gestockte Masse entsteht. Kartoffel-Rührei auf Tellern anrichten und mit den geputzten Nordseekrabben bestreuen.

Mein Tipp: Wer die Krabben lieber leicht gegart hat, kann sie auch zum Schluss in der Pfanne kurz mitschwenken. Zu diesem kräftigenden Imbiss serviert man frische Blattsalate.

Rührei mit Pfifferlingen

Für 4–6 Portionen:
300 g frische, kleine Pfifferlinge
1 Bund Frühlingszwiebeln
1 Bund Schnittlauch
8–10 Eier
125 g Sahne
Salz und weißer Pfeffer aus der Mühle
2 EL Butter

Pfifferlinge putzen, Frühlingszwiebeln schälen und das Weiße in feine Ringe schneiden, Schnittlauch in feine Röllchen schneiden. Eier in einer Schüssel mit Sahne verrühren und mit Salz und Pfeffer würzen. Butter in einer großen, beschichteten Pfanne erhitzen, Frühlingszwiebeln und Pfifferlinge andünsten. Wenn die Pilze Flüssigkeit verlieren, diese verdampfen lassen. Verschlagene Eier darauf gießen und mit einem Holzlöffel unter ständigem Rühren zu einer cremigen Masse erstarren lassen. Mit Schnittlauchröllchen bestreuen.

Mein Tipp: Mit Kopfsalat oder auf einem Toastbrot servieren.

»... den Kirschfond mit frischem Pfeffer würzen und erkalten lassen.«

Marzipanäpfel

Für 8 Portionen:
8 kleine Äpfel
8 EL Marzipan
1 TL Zimt
1 TL Honig
1 TL gehackte Haselnüsse
1 TL gehackte Mandeln
2 EL Sahne
1 EL Kirschwasser oder Calvados
Für das Karamellisieren:
je 1 EL Butter und Zucker zum Karamellisieren
200 ml Apfelsaft zum Ablöschen

Die Äpfel von unten bis zum Stiel ausstechen. Marzipan mit den restlichen Zutaten vermengen. Mithilfe eines Spritzbeutels die Äpfel mit der Masse füllen. In einer Pfanne Butter und Zucker karamellisieren, die Äpfel zugeben, mit Apfelsaft ablöschen und unter ständigem Übergießen etwa 20 Minuten bei 200 °C im heißen Backofen backen.

Pfefferkirschen

Für 4 Portionen:
2 EL Zucker
1/2 l Kirschsaft
5–6 frische Pfefferkörner
30 frische, entkernte Sauerkirschen

Den Zucker in einem Topf karamellisieren lassen. Mit dem Kirschsaft ablöschen und alles auf 100 ml reduzieren. Die frischen Pfefferkörner dem reduzierten Kirschfond beigeben und zusammen erkalten lassen. Kirschfond passieren und erhitzen. Die Kirschen einlegen und so lange im Fond schwenken, bis sie heiß sind.

Weintrauben in Riesling

Für 4 Portionen:
40 Weintrauben
Riesling nach Bedarf

Die Haut der Weintrauben abziehen. Trauben in den Riesling einlegen, damit sie nicht braun anlaufen. Kurz vor dem Anrichten in einem Topf andünsten und sofort servieren.

Ein Wein für jede Jahreszeit

Der Rheinriesling gilt neben dem Chardonnay als König der Weißweine und ist in der Küche, gleichgültig ob er vom Rhein, aus der österreichischen Wachau oder aus dem Elsaß stammt, besonders vielseitig verwendbar. Diese geschmackliche Versalität verdankt der Riesling seinem aromatischen Facettenreichtum. Duftet er doch, je nach Boden und Jahrgang, nach Pfirsichen, Marillen und Rosen und verfügt über eine äußerst zarte Säure und einen lang anhaltenden Abgang.

KÖSTLICHE HAUPTGERICHTE

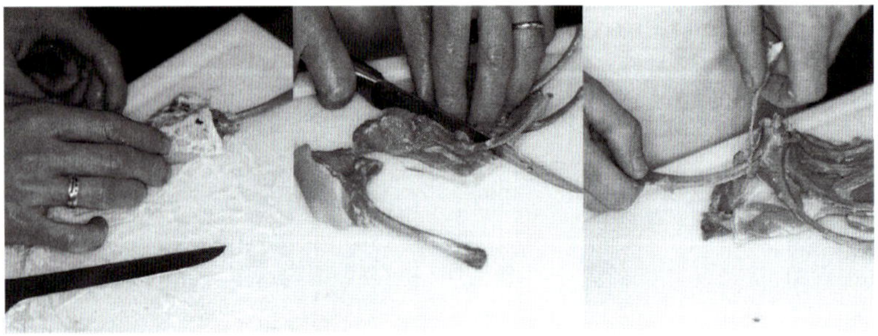

Das Hauptgericht ist im Menü der Gang, auf den es ankommt. Durch elegante Hors d'œuvres, Vorspeisen oder Zwischengerichte lässt sich der Gaumen stimulieren, durch ein gelungenes Dessert noch so manches retten. Doch das Match, wie man gemeinhin sagt, wird in der kulinarischen Welt immer noch beim Hauptgang gespielt, und je mehr man heutzutage zu den »Global Players« zählt – will heißen: Je mehr internationale Küchenerfahrung man besitzt und je mehr Köstlichkeiten aus aller Welt man kennt –, desto größer ist die Wahrscheinlichkeit, dass ein Mahl auch wirklich gelingt.

Von einfach bis elaboriert.

Josef Viehhauser vereint in den von ihm vorgeschlagenen Hauptgerichten die Einflüsse höchst unterschiedlicher Küchen. Zunächst einmal wird er seinem Ruf als Hamburger Meisterkoch durch eine äußerst elaborierte Fischküche mit norddeutschen Akzenten gerecht, die mit verfeinerten einfachen Gerichten – man denke etwa an Pfannfisch, Labskaus oder den grünen Aal – ebenso etwas Kreatives anzufangen weiß, wie er ganz selbstverständlich mit den großen Klassikern umgeht, zu denen etwa sein gefüllter Steinbutt, seine Jakobsmuscheln oder sein im Ganzen gebratener Hummer zählen. Viehhauser macht allerdings auch aus seiner österreichischen Herkunft kein Hehl, wenn er etwa Köstlichkeiten aus der Altwiener Küche wie Esterházy-Rostbraten oder – als Hommage an die Küche der österreichischen Alpen – »Dreierlei von der Gams« offeriert.

Das Beste aus ganz Europa.

Last not least ist Viehhauser, der den großen Einfluss der französischen »Nouvelle Cuisine« auf sein Schaffen niemals geleugnet hat, jedoch auch von der französischen Küche nicht unbeeinflusst geblieben und erweist sich als Meister feiner Reh- oder Lamm-Crépinettes, Hochrippen à la bordelaise oder gefüllter Wachteln und Kapaunenflügel. Kurzum: Mit Josef Viehhauser lässt sich eine Tour d´horizon durch Europas große Küchen antreten. Zu fast allen seiner Gerichte empfiehlt er Ihnen auch seine Lieblingsbeilagen. Was nicht heißt, dass Sie nicht auch selbst nach interessanten Harmonien, neuen Geschmackskombinationen und aufregenden Kompositionen suchen sollen. Das folgende Kapitel versteht sich als Aufforderung dazu.

Richtig geschmorte Gams macht Feinschmeckern nicht nur den Mund wässrig, sondern auch den Blick begehrlich.

»Wirsingblätter ausbreiten und jedes davon mit Farce bestreichen …«

Dorsch im Wirsingmantel

Für 4 Portionen:
4 große Wirsingkohlblätter
Salz
1 Möhre
1 Zucchini
1/2 Sellerieknolle
4 Dorschfilets, à 170 g
Pfeffer aus der Mühle
Saft von 1/2 Limone
Für die Farce:
250 g Zanderfilet
200 g Sahne
Salz und weißer Pfeffer aus der Mühle
Saft von 1/2 Zitrone

Wirsingblätter in kochendem Salzwasser kurz blanchieren, in Würfel schneiden und sofort in Eiswasser spülen. Anschließend auf einem Tuch trocknen. Gemüsewürfel ebenfalls blanchieren, kalt spülen und abtropfen lassen.
Für die Farce das Zanderfilet in kleine Würfel schneiden und kalt stellen. Gut gekühlten Zander in einer Küchenmaschine mit Sahne zu einer homogenen Masse verarbeiten. Mit Salz, Pfeffer und Zitronensaft abschmecken und nochmals kalt stellen. Vor der Weiterverarbeitung durch ein Sieb streichen. Gemüsewürfel unter die Farce heben. Wirsingblätter ausbreiten und jedes mit Farce bestreichen. Dorschfilets salzen, pfeffern, mit Limonensaft beträufeln, in die Mitte des Wirsingblattes legen und Blätter zu Rouladen formen. In Alufolie wickeln. Rollen in kochendes Salzwasser geben, einmal aufkochen lassen, Hitze reduzieren und 10 Minuten ziehen lassen. Herausnehmen, auspacken, die Rouladen halbieren und sofort servieren.
Mein Tipp: Mit Senfsauce (s. S. 76) servieren.

Aal »grün«

Für 4–6 Portionen:
1 kg frischer, ausgenommener Aal
Saft von 1 Zitrone
1 Möhre
1 Petersilienwurzel
3 Schalotten
1/4 l Fischfond (s. S. 61)
60 ml Weißwein
1 Lorbeerblatt
je 5 Pfefferkörner und Wacholderbeeren
Salz
1 Prise Zucker
2 1/2 EL Butter
2 EL Mehl
1 Eigelb
125 g Sahne
1 Bund Petersilie
je 1 EL gehackter Kerbel und Estragon
Pfeffer aus der Mühle

Den Aal in 5 cm große Stücke schneiden, mit Zitronensaft beträufeln und etwa 10 Minuten ziehen lassen. Möhre, Petersilienwurzel und Schalotte schälen, in Scheiben schneiden und mit Fischfond und Weißwein zum Kochen bringen. Lorbeerblatt, Pfefferkörner und Wacholderbeeren hinzufügen und bei schwacher Hitze etwa 15 Minuten köcheln. Durch ein Sieb in einen sauberen Topf passieren und mit Salz und Zucker abschmecken. Die Aalstücke in den Sud geben und zugedeckt bei schwacher Hitze etwa 20 Minuten ziehen lassen. Aus dem Sud heben und warm stellen. In einem anderen Topf Butter schmelzen, Mehl einrühren und goldgelb rösten, den Sud unter ständigem Rühren zugießen und etwa 10 Minuten köcheln lassen. Inzwischen Eigelb mit Sahne verquirlen, in die Sauce einrühren, ohne dass sie kocht, damit das Eigelb nicht gerinnt. Die fein gehackten Kräuter und den Aal in die Sauce geben, einige Minuten ziehen lassen und nochmals mit Zitronensaft, Salz und Pfeffer abschmecken.

Gebratener Hummer

Für 4 Portionen:
2 frische Hummer, à 500 g
Salz
100 ml Olivenöl
1 TL Butter

Hummer mit festem Druck zunächst am Kopf halbieren, die Scheren vom Körper trennen und in kochendem Salzwasser etwa 8 Minuten ziehen lassen. Anschließend kalt spülen und vorsichtig ausbrechen. Dann den Hummerschwanz halbieren, den Darm entfernen und den Hummer auf der Panzerseite in Olivenöl rund 4 Minuten braten. Frische Butter hinzufügen, etwa 1 Minute auf der Fleischseite braten und mit Salz würzen. Die Hummerscheren, die nur lauwarm sein sollten, dazulegen.
Mein Tipp: Mit Spargelsalat (s. S. 19) servieren.

Hamburger Pfannfisch auf andere Art

Für 6 Portionen:
1 Kopf Römersalat
3 Schalotten
50 g Butter
Salz und Pfeffer aus der Mühle
1 Prise Zucker
1 Spritzer Zitronensaft
1 Bund glatte Petersilie
12 fest kochende Kartoffeln
2 EL Öl oder Butter
350 g Kabeljaufilet
350 g Steinbuttfilet, ohne Haut
6 Seezungenfilets
Für die Senfbutter:
50 g Butter
50 g Dijon-Senf
100 g Pommery-Senf
100 ml Heller Geflügelfond (s. S. 62)
2 EL Balsamico-Essig
Salz und Pfeffer aus der Mühle

Salat vom Stielansatz befreien, in grobe Stücke zupfen, waschen und trockenschleudern. Schalotten schälen, in feine Streifen schneiden und in aufschäumender Butter kurz anschwitzen. Salatblätter zugeben, mitdünsten lassen, mit Salz, Pfeffer, Zucker und Zitronensaft abschmecken. Die in feine Streifen geschnittene Petersilie einrühren und warm stellen. Die gekochten Kartoffeln schälen, in Scheiben schneiden, langsam in Butter oder Öl goldgelb braten und warm halten. Fischfilets in größere Stücke teilen, mit Salz und Pfeffer würzen und ebenfalls in Butter braten. Die Fischfilets abschmecken, vorsichtig unter den Salat mischen und gleich mit den Kartoffeln servieren.
Für die Senfbutter die Butter in einem Topf gemeinsam mit dem Senf erwärmen und den Geflügelfond langsam einrühren. Mit Balsamico-Essig, Salz und Pfeffer abschmecken und über die Fischpfanne verteilen.

Gebratene Jakobsmuscheln

Für 4 Portionen:
16 ausgelöste Jakobsmuscheln
50 ml Olivenöl
Salz
Saft von 1 Limone

Die Jakobsmuscheln gründlich säubern, in einer Pfanne Olivenöl erhitzen und die Muscheln auf jeder Seite längstens etwa 1 bis 2 Minuten braten. Anschließend mit Salz würzen und mit Limonensaft beträufeln.
Mein Tipp: Mit Safransud (s. S. 65) servieren.

Seeteufel an der Gräte

Für 4 Portionen:
30 g Silberzwiebeln
500 g feuchtes, ungewaschenes Meersalz
200 ml Fischfond (s. S. 61)
1 EL Butter zum Glasieren
Salz und Pfeffer aus der Mühle
Seeteufel an der Gräte, ca. 1 1/2 kg
200 g Parmaschinken im Ganzen
50 ml Öl
24 mittelgroße Steinpilze
1 Spritzer Zitronensaft
200 ml Kalbsjus (s. S. 65)
50 g eiskalte Butter

Silberzwiebeln auf dem Meersalz 20 Minuten im 220 °C heißen Backofen zur Hälfte garen, pellen, mit Fischfond und etwas Butter glasieren, salzen, pfeffern und warm stellen. Den parierten Seeteufel mit dem in Streifen geschnittenen Parmaschinken spicken, in der Mitte, der Gräte entlang, halbieren und in gleichmäßige Stücke portionieren. In heißem Öl von allen Seiten anbraten und im Ofen bei 200 °C in Butter fertig garen. Inzwischen Steinpilze putzen, Stiele abtrennen, in Scheiben schneiden, in Butter sautieren, mit Salz, Pfeffer und Zitronensaft abschmecken. Köpfe separat langsam in etwas Butter braten und mit den Stielen mischen. Seeteufel mit den glasierten Perlzwiebeln und Steinpilzen anrichten, Bratflüssigkeit mit Kalbsjus ablöschen, mit kalter Butter montieren und darüber passieren.

Seeteufel »Bordelaise«

Für 4 Portionen:
2 Seeteufel, à ca. 1 1/2 kg
50 ml Olivenöl
Salz
12 Scheiben Rindermark
1 Prise geriebene Muskatnuss

Den Seeteufel von der schwarzen Haut befreien. Olivenöl in einer Pfanne erhitzen und Seeteufel von allen Seiten anbraten. Im vorgeheizten Backofen bei 220 °C etwa 10 Minuten braten, salzen und in vier Portionen teilen. Jede Portion mit 3 Markscheiben belegen, vorsichtig mit Muskatnuss würzen und unter dem Grill 2 Minuten lang gratinieren.

Mein Tipp: Den Seeteufel »Bordelaise« mit Bordeauxsauce (s. S. 72) und Gemüsegarnitur »Bordelaise« (s. S. 86) servieren.

Geschmorter Tintenfisch

Für 4 Portionen:
500 g Knollensellerie
500 g Möhren
100 g Zwiebeln
100 g Porree
50 ml Olivenöl
900 g Tintenfischtuben
200 ml Noilly-Prat
1/2 l Fischfond (s. S. 61)
2 Weinkorken
1 Lorbeerblatt
1 Thymianzweig
5 Wacholderbeeren
Salz und Pfeffer aus der Mühle

Gemüse waschen, schälen und in kleine Würfel schneiden. In einem flachen Topf etwas Olivenöl erhitzen und die Gemüsewürfel darin leicht anrösten. Den gesäuberten Tintenfisch zugeben, kurz mitrösten, mit Noilly-Prat ablöschen und mit Fischfond auffüllen. Um den Tintenfisch zarter zu machen, Korken zugeben und einmal aufkochen lassen. Gut abschäumen, Gewürze und Salz beifügen und auf kleiner Stufe etwa 2 Stunden gar ziehen lassen. Abschließend nochmals mit Salz und Pfeffer abschmecken.

Mein Tipp: Mit Paprika-Butter (s. S. 79) und Ratatouille (s. S. 85) servieren.

Gefüllter Steinbutt

Für 4 Portionen:
4 Steinbuttfilets, à 200 g
Salz
Saft von 1 Limone
1 gut gewässertes Schweinenetz
50 ml Olivenöl

Für die Fülle:
4 Scheiben Parmaschinken
2 Artischockenböden
300 g Spitzmorcheln
Salz und Pfeffer aus der Mühle
4 Scheiben entrindetes Toastbrot
50 ml Olivenöl
2 EL Crème fraîche

Für die Petersilienbutter:
150 g Butter
1/2 Bund glatte Petersilie
1 Spritzer Limonensaft

Für die Fülle den Parmaschinken würfeln und in Olivenöl anbraten. Den Schinken aus der Pfanne nehmen und im selben Fett die würfelig geschnittenen Artischockenböden goldbraun rösten. Dann die geputzten und gewürfelten Morcheln dazugeben, durchrösten, salzen und pfeffern. Gewürfelte Toastbrotscheiben separat in etwas Olivenöl goldbraun rösten, herausheben und das Fett abtupfen. Schinken, Artischockengemüse und Croûtons vermengen, Crème fraîche unterheben. Steinbuttfilets nebeneinander ausbreiten, mit Salz und Limonensaft würzen. Die vorbereitete Fülle auf 2 Filets verteilen und mit den anderen Filets bedecken, wodurch zwei Pakete entstehen. Jedes Paket separat zweimal in das Schweinenetz einwickeln. Olivenöl in einer Pfanne heiß werden lassen, die Pakete einlegen und beidseitig anbraten. Für 15 Minuten in den auf 220 °C vorgeheizten Backofen schieben. Anschließend die Pakete herausnehmen, halbieren, mit Petersilienbutter beträufeln und sofort anrichten.

Für die Petersilienbutter Butter aufschäumen, in Streifen geschnittene Petersilie einrühren und mit Limonensaft abschmecken.

Mein Tipp: Mit beliebigem Risotto (s. S. 97) servieren.

Steinbutt, mit Krabben und Pfifferlingen gefüllt

Für 4 Portionen:
4 Steinbuttfilets, à 200 g
Salz
Saft von 1 Limone
1 gut gewässertes Schweinenetz
50 ml Olivenöl
Für die Fülle:
2 EL Schalotten
100 g Pfifferlinge
50 g Krabben
50 g Butterschmalz
50 ml Milch
150 g entrindetes Toastbrot
1 Ei
2 EL gehackte glatte Petersilie
Salz und Pfeffer
1 Prise Muskatnuss
Für die Garnitur:
250 g Pfifferlinge
200 g Krabben
Butterschmalz zum Sautieren
Salz und Pfeffer aus der Mühle
1 EL gehackte glatte Petersilie zum Bestreuen

Zuerst die Fülle vorbereiten. Dafür die Schalotten schälen und fein hacken, die Pfifferlinge putzen und klein schneiden. Anschließend Schalotten, Pfifferlinge und Krabben getrennt in Butterschmalz sautieren. Milch erhitzen, mit Toastbrot vermischen und etwa 5 Minuten ziehen lassen. Vom Feuer nehmen, Ei einrühren, alles miteinander vermengen und mit gehackter Petersilie, Salz, Pfeffer und Muskatnuss würzen. Steinbuttfilets nebeneinander ausbreiten und wie im Rezept Gefüllter Steinbutt (s. S. 113) füllen und braten. Für die Garnitur geputzte, mundgerecht geschnittene Pfifferlinge und Krabben in Butterschmalz sautieren, mit Salz und Pfeffer abschmecken und mit gehackter Petersilie bestreuen. Die fertig gegarten Filets portionieren und mit der Garnitur auftragen.

Langostinos im Safransud

Für 4 Portionen:
2 l Hummer- und Langustenfond (s. S. 61, Krebsfond, Tipp)
100 ml Noilly-Prat
15 Safranfäden
Salz und Cayennepfeffer
1 Spritzer Zitronensaft
1 Möhre
1/2 Stange Porree
1/2 Stange Staudensellerie
12 Langostinos

Den Hummerfond mit Noilly-Prat und Safranfäden auf 1/2 l Flüssigkeit reduzieren. Mit Salz, Cayennepfeffer und Zitronensaft abschmecken. Das geputzte Gemüse in Rauten schneiden und in Salzwasser bissfest blanchieren. Den Fond auf circa 80 °C erhitzen, die gesalzenen Langostinos einlegen und 5 bis 7 Minuten gar ziehen lassen. Gegen Ende das blanchierte Gemüse dazugeben. Langostinos ausbrechen und je 3 in einen tiefen Teller legen. Die Gemüserauten dazugeben, mit dem Fond auffüllen, bis die Langostinos bedeckt sind, und sofort servieren.

Gedämpfter Seesaibling

Für 4 Portionen:
1/2 l Heller Gemüsefond (s. S. 64)
2 TL Butter
4 Seesaiblingfilets, à 170 g
Salz
Saft von 1/4 Limone

Gemüsefond in einem Topf zum Kochen bringen. Einen Siebeinsatz mit Butter einfetten. Saiblingfilets mit Salz würzen, mit Limonensaft beträufeln und nebeneinander in den Siebeinsatz legen. Einsatz über den kochenden Gemüsefond hängen, zudecken und Filets etwa 4 bis 5 Minuten lang dämpfen. Siebeinsatz herausheben und Filets sofort anrichten.

Mein Tipp: Mit Weißem Bohnenpüree (s. S. 84) und Ingwersauce (s. S. 74) servieren.

Lachs im Strudelteig

Für 4 Portionen:
Farce nach Rezept Dorsch im Wirsingmantel (s. S. 111)
1 Mangoldstaude
Salz
600 g entgrätetes Lachsfilet
Saft von 1 Limone
Butter zum Bestreichen
Strudelteig nach Rezept (s. S. 133)

Farce herstellen und kalt stellen. Inzwischen Mangoldblätter von der Staude lösen, den Stielansatz herausschneiden, Blätter waschen und in kochendem Salzwasser blanchieren. Sofort in Eiswasser spülen und auf einem Tuch trocknen. Das Lachsfilet mit Salz würzen und mit Limonensaft beträufeln. Die Mangoldblätter eng überlappend auf eine Klarsichtfolie legen. Farce durch ein Sieb streichen und auf die Mangoldblätter auftragen. Den Lachs mittig auflegen und mit der restlichen Farce bestreichen. Alles zusammen mit Hilfe der Folie einrollen. Die Folie entfernen und die Roulade auf den ausgerollten, mit Butter bestrichenen Strudelteig legen und abermals einrollen. Bei 220 °C etwa 30 Minuten im vorgeheizten Backofen backen. Den fertigen Strudel portionieren und anrichten.

Mein Tipp: Mit sautierten Pfifferlingen oder Pilzen servieren.

Gratin von Lachs und Avocado

Für 4 Portionen:
1/2 l Fischfond (s. S. 61)
1 reife Avocado
Saft von 1 Limette
Salz und Cayennepfeffer
60 g eiskalte Butterwürfel
1 EL geschlagene Sahne
4 Lachsfilets, à 100 g (am besten aus dem Mittelstück)

Den Fischfond um die Hälfte einkochen lassen. Avocado in der Mitte auseinander schneiden und den Kern entfernen. Mithilfe eines Esslöffels das Fruchtfleisch aus der Schale lösen, sofort mit etwas Limettensaft einreiben, um das Braunwerden zu verhindern. Fruchtfleisch mit dem Fischfond mixen und über Dampf vorsichtig warm rühren. Mit Salz und Cayennepfeffer abschmecken, eiskalte Butterwürfel einrühren und geschlagene Sahne unterheben. Die rohen Lachsfilets beidseitig salzen und in feuerfeste, tiefe Teller legen. Mit der Gratinmasse gänzlich bedecken und etwa 5 Minuten bei Oberhitze vorsichtig gratinieren.

Hummersoufflé

Für 4 Portionen:
400 g rohes Hummerfleisch
450 g Sahne
Salz und Cayennepfeffer
Saft von 1 Limone
1 TL Cognac
1 TL Cassislikör
150 g Zanderfilet
1 Prise geriebene Muskatnuss
2 EL geschlagene Sahne
150 g Butter
4 gekochte, ausgebrochene Hummerscheren

Das gut gekühlte Hummerfleisch mit 300 g Sahne im Mixer zu einer homogenen Farce verarbeiten, die restliche Sahne kühl stellen. Masse mit Salz, Cayennepfeffer, Limonensaft, Cognac und Cassislikör abschmecken, durch ein Sieb streichen und für 30 Minuten kühl stellen. Zanderfilet mit restlicher Sahne zu einer homogenen Masse mixen, mit Salz, Cayennepfeffer und Muskatnuss abschmecken, durch ein Sieb streichen und ebenfalls für 30 Minuten kalt stellen. Beide Massen vermischen und mit dem Handmixer etwa 5 Minuten luftig aufschlagen. Zum Schluss die geschlagene Sahne unterheben. Die Souffléмasse auf vier gebutterte Souffléförmchen verteilen. In eine entsprechend große Pfanne einen halben Finger hoch Wasser einfüllen, die Soufflés in das Wasserbad stellen, mit Alufolie abdecken und bei 160 °C im Backofen 12 bis 18 Minuten garen. Hummerscheren in etwas warmer, flüssiger Butter vorsichtig erwärmen und die Soufflés damit garnieren.

Mein Tipp: Reichen Sie zu diesem luftigen Soufflé würzige Sternanis-Butter-Sauce (s. S. 78).

»Soufflés sind aufgehende Leidenschaften.«

»… die Schenkel und Brüstchen drapieren und mit Wachtel-Spiegeleiern garnieren.«

Variation von der Wachtel

Für 6 Portionen:
Für die Ballotine:
2 ganze Wachteln
Salz und Pfeffer aus der Mühle
2 Stauden Mangold
Für die Farce:
200 g Geflügelfleisch, ohne Haut und Knochen
Salz und Pfeffer aus der Mühle
1/2 EL gehackter Thymian
1/2 EL gehackter Rosmarin
100 g Sahne
200 ml Kalbsfond (s. S. 62), auf 1 EL reduziert
Für die gefüllten Schenkel:
12 Wachtelschenkel
50 g marinierte Gänsestopfleber
1 gewässertes Schweinenetz
50 ml Olivenöl
Für die Wachtelbrüstchen:
6 Wachteln
50 ml Olivenöl
1 Rosmarinzweig
1 Thymianzweig
Salz und Pfeffer aus der Mühle
6 Wachteleier

Ballotine
Für die Wachtelballotine 2 Wachteln vom Rücken her auslösen, Gelenkknochen und Filets auslösen. Mit der Hautseite nach unten zwischen Folien legen, plattieren und auf einer weiteren Folie ausbreiten. Mit Salz und Pfeffer würzen und die ausgelösten Filets wieder einsetzen. Inzwischen die Mangoldblätter in gesalzenem Wasser blanchieren, sofort in Eiswasser spülen und zwischen zwei Tüchern 30 Minuten pressen. Währenddessen die Farce vorbereiten. Dafür gesalzenes und gepfeffertes Geflügelfleisch mit Thymian, Rosmarin, Sahne und Kalbsfond etwa 10 Minuten ins Gefrierfach stellen. In einer Küchenmaschine mixen, Masse durch ein Sieb streichen und anschließend kühl stellen. Die ausgelegten Wachteln mit der Farce dünn bestreichen, mit Mangold bedecken und wiederum mit Farce bestreichen. In Klarsichtfolie einrollen und zum Schluss mit Alufolie gut einwickeln. Die Ballotine etwa 20 Minuten bei 75 °C im Wasserbad pochieren. Danach 6 Stunden kühl stellen.

Gefüllte Wachtelschenkel
Die Mittelknochen der Schenkel hohl auslösen und den obersten Knochen säubern und zuschneiden. Haut abziehen, mit Gänsestopfleber belegen und ins Schweinenetz einpacken. Anschließend die Schenkel von beiden Seiten je 2 Minuten in einer Pfanne mit Olivenöl braten.

Wachtelbrüstchen
Die Wachtelbrüstchen von der Karkasse lösen, den Flügelknochen säubern und zuschneiden. Danach die Brüstchen mit der Hautseite nach unten in heißem Olivenöl etwa 4 Minuten braten. Kurz vor dem Anrichten mit gehackten Kräutern und Salz und Pfeffer würzen und mit der Sauce die Wachtelbrüstchen ein paar Mal übergießen. Erst vor dem Servieren in der Pfanne umdrehen. Auf je einem Teller nun jeweils Ballotine-Tranchen, Wachtelschenkel und Brüstchen drapieren und mit den wie Spiegeleiern gebratenen Wachteleiern garnieren.

Gebratene Taubenbrust

Für 4 Portionen:
4 Tauben
Salz und Pfeffer aus der Mühle
50 ml Olivenöl

Die Tauben mit Salz und Pfeffer würzen. Olivenöl in einer Pfanne heiß werden lassen und die Tauben darin auf allen Seiten anbraten. Backofen auf 220 °C vorheizen. Tauben mit dem Rücken nach unten in einen passenden Bräter legen und 8 bis 10 Minuten braten. Herausnehmen, an einem warmen Ort 5 Minuten ruhen lassen und erneut für 4 bis 5 Minuten in den Backofen geben. Die Brüste von den Karkassen lösen, die Fleischseite mit Salz und Pfeffer würzen und sofort servieren.
Mein Tipp: Gebratene Taubenbrust mit Portweinsauce (s. S. 72), Bratkartoffeln oder Bohnen und Birnen (s. S. 86) servieren.

Labskaus von der Ente

Für 8 Portionen:
2 gepökelte und geräucherte Enten, à ca. 1,2 kg
4 Gewürzgurken
4 Schalotten
1/4 l Entenfond (s. S. 63)
100 ml Gewürzgurkensaft
100 ml Schältomaten
600 g mehlig kochende Kartoffeln
300 ml Rote-Bete-Saft
Pfeffer aus der Mühle
1 EL geschlagene Sahne

Entenbrüste und Keulen enthäuten, Haut in Würfel schneiden und mit etwas Wasser auslassen, bis die Würfel kross gebraten sind. Das Fett passieren und beiseite stellen, Hautwürfel weggeben. Entenfleisch, Gurken und geschälte Schalotten ebenfalls in kleine Würfel schneiden. Schalotten in einem Teil des Entenfettes anschwitzen, Fleisch und Gurken dazugeben und mitrösten lassen. Entenfond mit Gurkensaft und pürierten Schältomaten vermischen und unter das Fleisch mengen. Kartoffeln kochen, währenddessen den Rote-Bete-Saft auf 50 ml reduzieren. Kartoffeln schälen und durch eine Presse in das Labskaus drücken, alles noch einmal aufkochen lassen. Die Rote-Bete-Reduktion einrühren und mit Pfeffer abschmecken. Kurz vor dem Anrichten die geschlagene Sahne unter das Labskaus heben.
Mein Tipp: Mit gebratenen Wachteleiern und Strohkartoffeln servieren.
Für die Strohkartoffeln fest kochende Kartoffeln in feine Scheiben und die Scheiben wieder in Julienne schneiden. Diese kurz in kaltem Wasser waschen, trockentupfen und im etwa 180 °C heißen Öl frittieren.

Gänsebraten mit Kastanien und Marzipanäpfeln

Für 4 Portionen:
Für die Fülle:
300 g Kastanien
4 Äpfel
2 Zwiebeln
2 Beifußzweige
2 Majoranzweige
1 EL geriebene Schale von unbehandelter Orange
50 g Gänseschmalz
1 Gans, à 4 1/2 kg
Salz und Pfeffer aus der Mühle
je 1 EL Butter und Zucker zum Karamellisieren
roter Port- und Rotwein nach Geschmack
Für die Marzipanäpfel:
8 kleine Äpfel
8 EL Marzipan
1 TL Zimt
1 TL Honig
1 TL gehackte Haselnüsse
1 TL gehackte Mandeln
2 EL Sahne
1 EL Kirschwasser oder Calvados
je 1 EL Butter und Zucker zum Karamellisieren
200 ml Apfelsaft zum Ablöschen

Kastanien kreuzweise einschneiden, dann bei 150 °C im Backofen 10 Minuten braten und auskühlen lassen. Äpfel und Zwiebeln schälen und in kleine Würfel schneiden. Beifuß- und Majoranblätter abzupfen, hacken und alles gemeinsam mit der Orangenschale vermengen. Kurz in etwas Gänseschmalz anschwitzen.
Gans mit Salz und Pfeffer von innen und außen einreiben, mit der vorbereiteten Fülle füllen, zunähen und in einen passenden Bräter geben. So viel Wasser dazugießen, dass der Boden etwa 1 cm hoch bedeckt ist, und im Backofen bei 200 °C so lange braten, bis das Wasser verdampft ist. Sobald Fett austritt, Temperatur auf 180 °C reduzieren und unter ständigem Übergießen circa 1 Stunde braten. Aus dem Ofen nehmen, an einem warmen Platz 30 Minuten rasten lassen und nun bei 220 °C etwa 30 Minuten im eigenen Fett fertig braten.
Währenddessen Kastanien schälen, etwas Butter in einem Topf erhitzen, Zucker darin karamellisieren, die Kastanien zugeben und glasieren. Mit Port- und Rotwein ablöschen und einkochen. Gans vor dem Tranchieren erneut 10 Minuten ruhen lassen, die Fülle herausnehmen und eventuell für die Sauce verwenden. Gans tranchieren und servieren.
Für die Marzipanäpfel die Äpfel von unten bis zum Stiel ausstechen. Marzipan mit den restlichen Zutaten abschmecken und mit einem Spritzbeutel in die Äpfel füllen. In einer Pfanne Butter und Zucker karamellisieren, die Äpfel zugeben und mit Apfelsaft ablöschen. Unter ständigem Übergießen circa 20 Minuten bei 200 °C im Backofen backen.
Mein Tipp: Zur Vollendung dieses festlichen Gerichts servieren Sie Kartoffelknödel (s. S. 88) und Wirsingbällchen (s. S. 86) dazu.

Entenroulade

Für 4 Portionen:
4 Barbarie-Entenbrüste, à 200 g
Salz und Pfeffer aus der Mühle
200 g Porree
200 g Austernpilze
50 ml Olivenöl

Entenbrüste enthäuten, jede Brust in drei Scheiben teilen und leicht plattieren. Mit Salz und Pfeffer würzen. Porree putzen, in feine Streifen schneiden, in kochendem Salzwasser blanchieren und sofort in Eiswasser spülen. Pilze putzen, vierteln und in Olivenöl anbraten, Porree dazugeben und mit Salz und Pfeffer würzen. Auf ein Sieb geben und auskühlen lassen. Gemüsefüllung auf die Entenbrustscheiben auftragen, einrollen und mit Zahnstochern befestigen. Olivenöl in einer Pfanne heiß werden lassen, Rouladen von allen Seiten anbraten und für etwa 6 Minuten in den auf 200 °C vorgeheizten Backofen schieben. Herausnehmen, 5 Minuten ruhen lassen, erneut für 5 Minuten in den heißen Ofen schieben. Vor dem Servieren Zahnstocher entfernen.
Mein Tipp: Mit Wirsingbällchen (s. S. 86) und Bordeauxsauce (s. S. 72) servieren.

Krosse Vierländer Ente

Für 4–6 Portionen:
2 Vierländer Enten, à ca. 1,8 kg
Salz und Pfeffer aus der Mühle
200 ml Wasser

Die Enten ausnehmen, Hals und Flügel abhacken, innen mit Salz und Pfeffer würzen. Die Keulen mit Küchengarn zusammenbinden und die Enten in ein tiefes Backblech legen. Etwas Wasser dazugießen. Bei 220 °C im Backofen etwa 1 Stunde braten, währenddessen die Enten wiederholt mit sauberem, auslaufendem Fett übergießen. Ist das Fett nicht sauber, durch ein Sieb passieren. Kurz vor dem Servieren die Enten mit viel Oberhitze kross braten. Brüste und Keulen von der Karkasse lösen und servieren.
Mein Tipp: Die Vierländer Ente mit gebratener Polenta (s. S. 101), erwärmten Blutorangenfilets und Orangensauce (s. S. 77) servieren.

Gefüllter Kapaunenflügel

Für 4 Portionen:
4 Kapaunenflügel (ersatzweise große Poulardenflügel)
2 Scheiben entrindetes Toastbrot
2 EL Butterwürfel
2 Schalotten
1 TL gehackter Majoran
100 g Poulardenfleisch
1 Ei
Salz und Pfeffer aus der Mühle
1 Prise geriebene Muskatnuss
1 EL geklärte Butter

Kapaunenflügel am Gelenkende abschlagen, beide Knochen vorsichtig mit der Hand auslösen. Toastbrot in Würfel schneiden und in etwas schäumender Butter zu Croûtons rösten. Schalotten fein schneiden, in Butter glasig dünsten, mit Majoran würzen. Poulardenfleisch durch den Fleischwolf drehen, Ei, Croûtons und Schalotten untermengen und mit den Gewürzen abschmecken. Masse 30 Minuten rasten lassen. Flügel mit der Masse vorsichtig füllen, mit je einem Zahnstocher verschließen und in geklärter Butter rundum anbraten. Backofen auf 200 °C vorheizen, Flügel unter ständigem Begießen etwa 12 Minuten fertig braten.

»Die Ente ist das Lieblingstier der Köche.«

»Zum Fasan passen Schwarzwurzelsalat, Traminerkraut, Kartoffel- und Maronenpüree.«

Fasan, in zwei Gängen serviert

Für 4 Portionen:
2 Fasane
Salz und Pfeffer aus der Mühle
50 ml geklärte Butter
50 g frische Butter
1/4 l Rotwein
1/4 l Dunkler Rehfond (s. S. 64)
Schwarzwurzelsalat nach Rezept (s. S. 18)
Traminerkraut nach Rezept (s. S. 85)

Fasane mit Salz und Pfeffer würzen und in geklärter Butter von beiden Seiten anbraten, in der Pfanne in den auf 200 °C vorgeheizten Backofen schieben. Nach circa 30 Minuten Temperatur auf 150 °C reduzieren, frische Butter zugeben und Fasane damit mehrmals übergießen. Weitere 10 Minuten im Backofen garen. Fasane aus der Pfanne nehmen, warm stellen, Bratrückstand mit Rotwein ablöschen und kräftig aufkochen lassen, bis der Alkohol entwichen ist. Dunklen Fond zugeben und so lange reduzieren, bis die Sauce eine feste Konsistenz bekommt. Währenddessen Fasane tranchieren, die gebratenen Keulen als ersten Gang mit Schwarzwurzelsalat servieren und Brüste inzwischen warm halten. Als zweiten Gang Fasanenbrust mit Traminerkraut auftragen.

Mein Tipp: Dazu passt Selleriepüree (S. 87) besonders gut.

Gebratene Rebhühner

Für 4 Portionen:
4 Rebhühner
Salz und Pfeffer aus der Mühle
6 EL Olivenöl
1 EL Butter

Rebhühner innen und außen mit Salz und Pfeffer würzen. Olivenöl in einer Pfanne heiß werden lassen und die Rebhühner darin von allen Seiten anbraten. Rebhühner in derselben Pfanne mit der Bauchseite nach oben 10 Minuten lang in den auf 220 °C vorgeheizten Backofen schieben. Danach Butter dazugeben und die Rebhühner mit dem Bratfett wiederholt begießen. Aus der Pfanne nehmen und 10 Minuten an einem warmen Ort ruhen lassen. Rebhühner erneut für 4 bis 5 Minuten in den Backofen schieben. Danach Brüste und Keulen von den Karkassen lösen und servieren.

Mein Tipp: Rebhühner mit Traminerkraut (s. S. 85) und Bordeauxsauce (s. S. 72) auftragen.

Rebhuhn mit Bordeauxsauce und Pom-Pom-Blanc-Pilzen

Für 4 Portionen:
4 Rebhühner
Salz und Pfeffer aus der Mühle
50 ml Olivenöl
2 Pom-Pom-Blanc-Pilze (oder Shiitake-Pilze)
2–3 EL Butter zum Braten
1 Schalotte
200 g Sahne
Saft von 1/2 Limone
1 EL kalte Butterstücke
200 ml reduzierter Rotwein (Bordeaux)
100 ml Dunkler Geflügelfond (s. S. 62)
1 EL gehackte glatte Petersilie

Rebhühner gut mit Salz und Pfeffer würzen, in heißem Olivenöl von allen Seiten anbraten und in der Pfanne etwa 10 Minuten im auf 220 °C vorgeheizten Backofen braten. In der Zwischenzeit die Pilze putzen, in Scheiben schneiden und in Butter anbraten. Geschälte und geschnittene Schalotte zugeben, mit Sahne aufgießen und mit Limonensaft, Salz und Pfeffer abschmecken. Rebhühner aus dem Ofen nehmen, kalte Butterstücke in die Pfanne geben und Rebhühner mit der geschmolzenen Butter mehrmals übergießen. Rebhühner aus der Pfanne nehmen und an einem warmen Ort ruhen lassen. Bratensatz mit reduziertem Rotwein und Geflügelfond ablöschen und etwas reduzieren. Sauce passieren, Petersilie unter die Pilze mengen. Brust und Keule von der Karkasse lösen, auf einem vorgewärmten Teller zusammen mit den Pilzen anrichten und das Fleisch mit der Sauce nappieren.

Rehrücken, am Stück gebraten

Für 4 Portionen:
1 Rehrücken, ca. 1 1/2 kg
Salz und Pfeffer aus der Mühle
50 ml Olivenöl

Den Rehrücken sorgfältig von Sehnen und Häuten befreien. Mit Salz und Pfeffer würzen, in einem Bräter in heißem Olivenöl rundum anbraten und Farbe annehmen lassen. Rücken auf die Knochenseite drehen und unter ständigem Begießen mit dem Bratfett im 200 °C heißen Backofen etwa 7 bis 10 Minuten braten. Herausheben, in Alufolie wickeln und 10 Minuten ruhen lassen, damit sich der Fleischsaft im Fleisch verteilt. Das Fleisch vom Knochen lösen, in Scheiben schneiden und exakt wieder auf den Knochen legen. Nochmals für 3 Minuten im noch heißen Backofen erhitzen und sofort servieren.

Mein Tipp: Mit Morcheln in Petersilienrahm (s. S. 91) und Schupfnudeln (s. S. 101) servieren.

Gebratener Maibockrücken mit Pfefferkirschen

Für 4 Portionen:
650 g ausgelöster Mai(Reh-)bockrücken
Salz und Pfeffer aus der Mühle
2–3 EL geklärte Butter
Für die Pfefferkirschen:
2 EL Zucker
1/2 l Kirschsaft
5–6 frische Pfefferkörner
30 frische Sauerkirschen

Zuerst die Pfefferkirschen (s. S. 107) zubereiten. Pfefferkörner beigeben, kalt stellen und passieren. Dann den Maibockrücken in vier gleich große Stücke schneiden und von beiden Seiten mit Salz und Pfeffer würzen. Butter in einer Pfanne heiß werden lassen und das Fleisch darin anbraten. Backofen auf 250 °C vorheizen, das Fleisch für etwa 4 bis 5 Minuten darin braten und währenddessen wiederholt mit dem Bratfett übergießen. Fleisch herausheben, in Alufolie wickeln und 5 Minuten an einem warmen Ort ruhen lassen. Inzwischen passierten Kirschenfond in einem Topf heiß werden lassen, Kirschen darin langsam erhitzen. Maibockstücke für 1 bis 2 Minuten erneut im Ofen erhitzen, Fleisch in Scheiben schneiden und mit Pfefferkirschen garniert servieren.

Mein Tipp: Mit Artischockenkuchen (s. S. 103) Morcheln (s. S. 91) und Wild-Honig-Sauce (s. S. 73) servieren.

Crépinetten vom Reh

Für 4 Portionen:
100 g gut gekühltes Rehfleisch
100 g Sahne
1 EL Gemüsewürfel (Möhre, Knollensellerie, Fenchel)
1/4 Apfel
50 ml Olivenöl
Salz und Pfeffer aus der Mühle
1 TL gehackter Thymian
Cayennepfeffer
1 TL Cognac
abgeriebene Schale von 1/4 Orange
8 Rehmedaillons vom Rücken
1 gut gewässertes Schweinenetz

Für die Farce zunächst das gut gekühlte Rehfleisch mit Sahne in einer Küchenmaschine mixen, durch ein Sieb streichen und kühl stellen. Gemüsewürfel und den ebenfalls würfelig geschnittenen Apfel in Olivenöl anbraten, mit Salz, Pfeffer und Thymian würzen, auskühlen lassen. Kaltes Gemüse unter die Farce mischen, mit Salz, Cayennepfeffer, Cognac und Orangenschale abschmecken. Rehmedaillons leicht plattieren, fingerdick mit Farce bestreichen, zusammenklappen und zweimal im Schweinenetz einwickeln. Öl in einer Pfanne heiß werden lassen, Crépinetten 6 bis 7 Minuten anbraten, umdrehen und im Backofen bei 200 °C 3 bis 4 Minuten fertig braten. Crépinetten aus der Pfanne nehmen und an einem warmen Ort noch 3 Minuten ruhen lassen. Tranchieren und servieren.

Dreierlei von der Gams

Für 8–10 Portionen:

Für die geschmorte Gamsschulter:

2 Gamsschultern mit Knochen, ca. 700–900 g à Schulter
Salz und Pfeffer aus der Mühle
50 ml Olivenöl
1 EL Butter
1 Staudensellerie
1 Zwiebel
1 Fenchelknolle
1 Bund Thymian
10 Wacholderbeeren
1 Flasche Rotwein (Cabernet Sauvignon)
1 l Dunkler Rehfond (s. S. 64)

Für die Gamskroketten:

500 g Gamsschulter
1 Lorbeerblatt
5 Wacholderbeeren
1 Bund Mirepoix
1/4 l Sauce béchamel (s. S. 79, Hälfte der Milch durch Rehfond ersetzen)
1 Eigelb
1 Ei
2 EL Fichtenhonig
1 EL selbst gerührte Preiselbeeren (oder Kompott)
1 EL blanchierte Selleriewürfel
800 ml Rehfond, auf 100 ml reduziert
1 Thymianzweig
1 TL Cognac
Pfeffer aus der Mühle
Mehl, Eier und Paniermehl für die Panier
1 1/2 l Öl zum Herausbacken

Für die Gamswürstchen:

300 g durch den Fleischwolf gedrehtes Gamsfleisch
50 g grüner Schweinerückenspeck
3 EL Sahne
3 EL fein gewürfelte Steinpilze
3 EL Fenchelwürfel
Salz und Pfeffer aus der Mühle
1 Prise geriebene Muskatnuss
1 Msp. Nelkenpulver
Saitlinge
50 g Butter

Gamsschulter
Für die geschmorte Gamsschulter zunächst Fleisch mit Salz und Pfeffer würzen und in einem flachen Bräter in heißem Olivenöl sanft anbraten, herausheben und im verbliebenen Fett das geputzte und würfelig geschnittene Gemüse anrösten. Dann Schulter auf das Gemüse legen und im vorgeheizten Backofen bei 150 °C 30 Minuten braten. Thymian und Wacholderbeeren dazugeben, mit etwas Rotwein ablöschen und wieder gänzlich einkochen lassen. Diesen Vorgang so lange wiederholen, bis der Rotwein aufgebraucht ist. Rehfond zugießen, Bräter mit einem Deckel verschließen und die Schulter etwa 1 1/2 Stunden im Ofen bei 150 °C fertig garen. Schulter herausheben, warm stellen, Fond passieren und auf ein Drittel reduzieren. Schulter vom Knochen lösen, in Stücke teilen und mit der Sauce anrichten.

Gamskroketten
Für die Kroketten Gamsschulter mit Lorbeerblatt und Wacholderbeeren weich kochen. Kurz vor Ende der Garzeit das Mirepoix dazugeben. Aus dem entstandenen Fond die Bechamel herstellen. Fleisch durch die feine Scheibe des Fleischwolfs drehen und mit den restlichen Zutaten vermengen. Kräftig mit schwarzem Pfeffer abschmecken. Die Masse auf ein gefettetes Blech streichen und erkalten lassen. In gleich große Stücke schneiden, in Mehl, Eiern und Paniermehl panieren und in heißem Öl ausbacken.

Gamswürstchen
Die Hälfte des durch den Fleischwolf gedrehten, gut gekühlten Gamsfleisches mit Speck und Sahne in einer Küchenmaschine mixen. Die restlichen 150 g Gamsfleisch nun dazugeben. Das Fleisch zwischen den einzelnen Arbeitsschritten immer wieder gut kühlen oder am besten auf Eis arbeiten. Die Pilz- und Fenchelwürfel kurz anbraten, abgekühlt in die Masse einarbeiten und mit den Gewürzen abschmecken. Die Wurstmasse mithilfe eines Spritzsackes in die Saitlinge füllen, abdrehen und bei 70 °C ungefähr 15 bis 20 Minuten lang in leicht gesalzenem Wasser brühen. Nach dem Abkühlen werden die Würste in der Pfanne braun gebraten.
Mein Tipp: Mit Steinpilz-Palbohnen-Ragout (s. S. 91) servieren.

»Den Bratensatz mit Rotwein ablöschen, mit Paprika würzen und die Kalbsbrust gut damit einpinseln.«

Milchkalbsbrust mit Briesfüllung

Für 4 Portionen:
2 kg Kalbsbrust
Salz und Pfeffer aus der Mühle
50 g Knollensellerie
50 g Möhren
100 g Zwiebeln
1/2 Flasche Sekt
1 1/2 l Dunkler Kalbsfond (s. S. 62)
2 EL Butter
1 EL Paprikapulver, edelsüß
Für die Briesfülle:
150 g Weißbrot
1/4 l Milch
1 Zwiebel
50 g Butter
1/2 Bund glatte Petersilie
150 g Kalbsbries
7 Eier
Salz und Pfeffer aus der Mühle
1 Prise geriebene Muskatnuss

Die Kalbsbrust untergreifen, d. h. mithilfe eines nicht zu scharfen Messers eine Tasche einschneiden. Für die Briesfülle das Weißbrot entrinden, mit lauwarmer Milch übergießen, etwa 20 Minuten stehen lassen und ausdrücken. Zwiebel schälen, fein hacken und in Butter goldgelb anrösten, gehackte Petersilie dazugeben und kurz mitrösten. Gewässertes, enthäutetes Kalbsbries sehr fein hacken und mit angerösteten Zwiebeln sowie 4 Eiern unter die Brotmasse mengen. Aus den restlichen 3 Eiern ein Rührei herstellen und unter die Masse heben. Mit Salz, Pfeffer und Muskatnuss abschmecken. Kalbsbrust mit der fertigen Fülle nicht zu prall füllen und die Öffnung zunähen. Kalbsbrust außen würzen und im vorgeheizten Backofen bei 180 °C unter wiederholtem Wenden 2 Stunden braten. Nach etwa 1 Stunde Röstgemüse dazugeben. Wenn sich Bodensatz bildet, nach und nach mit Sekt und Fond ablöschen. Dabei stets nur so wenig zugießen, dass der Bratensatz immer gebunden bleibt. Butter mit Paprikapulver vermischen und vor dem Ende der Garzeit die Kalbsbrust damit gut einpinseln. Kalbsbrust tranchieren und mit dem entstandenen Bratensaft servieren.

Mein Tipp: Mit Geschmortem Gemüse in Rotweinsauce (s. S. 84) servieren.

Geschmorte Milchkalbsschulter

Für 4 Portionen:
600–800 g Kalbsschulter, im Ganzen
Salz und Pfeffer aus der Mühle
2 EL geklärte Butter
20 flache Schaschlikzwiebeln
1/2 l Riesling
1 l Dunkler Kalbsfond (s. S. 62)
50 g Butterwürfel
1/2 EL Paprikapulver, edelsüß
abgeriebene Schale von 1 Zitrone
1 TL Fleur de sel (feines Meersalz)
1 kleiner Bund Estragon

Die parierte Kalbsschulter von allen Seiten würzen, in einem Bräter in geklärter Butter rundum anbraten, dann im 200 °C heißen Backofen 30 Minuten braten und dabei ständig mit Bratensaft begießen. Fett abschöpfen, Zwiebeln schälen und dazugeben, Hitze auf 160 °C reduzieren und weitere 30 Minuten braten. Nun in sehr kleinen Mengen Wein und Fond zugießen und immer darauf achten, dass der Bratensaft reduziert und gebunden wird. Kalbsschulter insgesamt 2 bis 2 1/2 Stunden braten, bis das Fleisch weich ist und sich durch das ständige Zugießen eine schöne Bratensauce gebildet hat. Butterwürfel leicht erwärmen, mit Paprikapulver, Fleur de sel und Zitronenschale vermengen. Kalbsschulter in den letzten 10 Minuten mit der Gewürzbutter bestreichen. Fertige Schulter herausheben, warm stellen, Sauce passieren und mit klein gehacktem Estragon verfeinern. Schulter tranchieren und mit der Sauce anrichten.

Mein Tipp: Mit Wirsingbällchen (s. S. 86) servieren.

Schmorgerichte liegen im Trend

Die besten aller Saucen, so sind sich Köche und Feinschmecker einig, sind Schmorsaucen. Kein Wunder, nehmen sie doch sämtliche Extrakte des schonend gegarten Fleisches und aller gemüsigen Zutaten auf. Wenn man mit dem Fett maßvoll umgeht, sind Schmorsaucen daher auch stets gesunde Saucen.

Kalbsrouladen mit Pilzfülle

Für 4 Portionen:
4 Kalbsschnitzel aus der Oberschale, à 150 g
3 EL Olivenöl
1 Möhre
2 Schalotten
1 Tomate
$^{1}/_{8}$ l Weißwein
300 ml Dunkler Kalbsfond (s. S. 62)
Salz und weißer Pfeffer aus der Mühle
2 Salbeiblätter
70 g Sahne
2 EL Crème fraîche
Für die Fülle:
4 Scheiben Kochschinken
80 g Austernpilze
100 g Pfifferlinge oder Steinpilze
100 g Morcheln
2 Schalotten
2 EL Olivenöl
Salz und weißer Pfeffer aus der Mühle
1 EL gehackte glatte Petersilie
1 EL gehackter Kerbel

Kalbsschnitzel plattieren und mit Schinkenscheiben belegen.
Für die Fülle Pilze waschen, putzen und klein schneiden. Schalotten schälen, fein hacken und in Olivenöl anschwitzen. Anschließend die Pilze dazugeben, mit Salz und Pfeffer würzen. Petersilie und Kerbel einrühren und alles erkalten lassen.
Etwas Pilzfarce jeweils auf den Schinken auftragen,

Schnitzel einrollen und mit Zahnstochern fixieren. Restliche Fülle für die Sauce bereithalten.
In einem Schmortopf Olivenöl erhitzen, die Rouladen anbraten, Möhre und Schalotten schälen, würfeln und mitbraten. Tomate schälen, ebenfalls würfeln, dazugeben und mit Wein ablöschen. So viel Fond zugießen, dass die Rouladen bedeckt sind. Mit Salz, Pfeffer und Salbei würzen und zugedeckt bei schwacher Hitze etwa 45 Minuten schmoren. Rouladen herausnehmen und warm stellen. Sauce passieren, mit Sahne und Crème fraîche aufgießen, reduzieren und restliche Pilzfülle in die Sauce einrühren. Fertige Rouladen mit der Sauce übergießen.
Mein Tipp: Mit Kartoffelknödeln (s. S. 88) und Rosenkohl servieren.

Kalbsrahmvögerl

Für 4–6 Portionen:
1 kg Kalbsvögerl (Kalbshachse)
Salz und weißer Pfeffer aus der Mühle
50 g Butterschmalz
4 Schalotten
2 Möhren
1 kleiner Knollensellerie
$^{1}/_{4}$ l Weißwein
$^{1}/_{4}$ l Dunkler Kalbsfond (s. S. 62)
1 Lorbeerblatt
1 Thymianzweig
1 EL Tomatenmark
125 g Sahne
2 EL Crème fraîche

Kalbsvögerl mit Salz und Pfeffer würzen, in einem Schmortopf in Butterschmalz von allen Seiten anbraten und herausnehmen. Schalotten schälen und vierteln. Möhren und Sellerie ebenfalls schälen und in kleine Würfel schneiden. Alles im Schmortopf anrösten, mit Weißwein ablöschen und mit Kalbsfond aufgießen. Lorbeerblatt, Thymian und Tomatenmark beigeben. Kalbsvögerl wieder hineinlegen und zugedeckt im vorgeheizten Backofen bei 180 °C etwa $1^{1}/_{2}$ Stunden schmoren. Fleisch aus dem Topf heben. Sauce passieren, aufkochen und mit Sahne und Crème fraîche verfeinern. Fleisch in Scheiben schneiden, mit der Sauce übergießen und anrichten.
Mein Tipp: Mit grünem Salat und Nockerln (s. S. 100) servieren.

Ossobuco

Für 4–6 Portionen:
8–12 Kalbshachsenscheiben (Mittelstücke)
Salz und weißer Pfeffer aus der Mühle
2 EL Mehl
3 EL Olivenöl
2 Schalotten
1 Möhre
1 Staudensellerie
1 Rosmarinzweig
1 Lorbeerblatt
4 Tomaten
100 ml trockener Weißwein
$^{1}/_{4}$ l Dunkler Kalbsfond (s. S. 62)
2 EL Kapern
2 Sardellenfilets
geriebene Schale von je 1 Zitrone und Orange
3 EL gehackte glatte Petersilie

Kalbshachsenscheiben mit Salz und Pfeffer würzen, in Mehl wenden und

beidseitig in einer Schmorpfanne in Olivenöl anbraten. Schalotten und Gemüse schälen, hacken, dazugeben und abermals mit Salz und Pfeffer sowie Rosmarin und Lorbeerblatt würzen. Tomaten schälen und würfeln, beigeben, mit Weißwein und Kalbsfond auffüllen und alles zugedeckt bei schwacher Hitze im heißen Backofen bei 180 °C circa $1^{1}/_{2}$ Stunden schmoren. Kurz vor dem Fertigwerden Kapern und Sardellen hacken und mit den Zitronen- und Orangenschalen beigeben. Vor dem Servieren mit gehackter Petersilie bestreuen.
Mein Tipp: Mit Safran-Risotto (s. S. 97) servieren.

Esterházy-Rostbraten

Für 4 Portionen:
4 Scheiben Roastbeef (Entrecôte), à 200 g
Salz und Pfeffer aus der Mühle
Senf zum Bestreichen
4 EL Öl
100 g Zwiebeln
400 ml Rinderkraftbrühe (s. S. 42)
8 Kapern
geriebene Schale von 1 Zitrone
200 g Wurzelgemüse (Möhren, Knollensellerie, gelbe Rüben)
2 EL Butter
1/8 l Crème fraîche
2 EL gehackte glatte Petersilie

Fleisch plattieren, Ränder einschneiden, mit Salz und Pfeffer beidseitig würzen und mit Senf bestreichen. In heißem Öl auf beiden Seiten braun anbraten und herausheben. Die geschälten und in Streifen geschnittenen Zwiebeln hell anrösten, mit Rinderkraftbrühe aufgießen, gut durchrühren und kräftig aufkochen lassen. Rostbraten wieder einlegen, mit gehackten Kapern und geriebener Zitronenschale aromatisieren und alles zugedeckt am Herd oder im Backofen etwa 1 1/2 Stunden weich dünsten. Wurzelgemüse schälen, in feine Streifen schneiden, in Butter kurz andünsten und etwa 10 Minuten vor Garungsende in die Sauce geben. Fleisch herausheben, warm halten, Sauce einkochen lassen und mit Crème fraîche binden. Rostbraten mit der Sauce garnieren, vor dem Servieren mit gehackter Petersilie bestreuen.
Mein Tipp: Mit Röstkartoffeln servieren.

Rinderschmorbraten

Für 4 Portionen:
1–1,3 kg Rinderschulter (Schaufelbraten)
Salz und weißer Pfeffer aus der Mühle
3 EL Butterschmalz
2 Möhren
1 Knollensellerie
1 Zwiebel
2 Tomaten
1/4 l Rotwein
1/4 l Rinderkraftbrühe (s. S. 42)
1 Lorbeerblatt

Fleisch mit einem Küchengarn zusammenbinden, mit Salz und Pfeffer würzen und in einer Pfanne in Butterschmalz auf allen Seiten anbraten, dann herausnehmen. Das gewaschene, geschälte und in Würfel geschnittene Gemüse anrösten, mit Rotwein ablöschen und etwas einkochen lassen. Fleisch wieder hineingeben, mit Rinderkraftbrühe auffüllen, Lorbeerblatt zugeben und alles zugedeckt etwa 2 1/2 Stunden schmoren. Währenddessen wiederholt umrühren und eventuell Wasser nachgießen, wobei der Braten maximal bis zu zwei Drittel in Flüssigkeit liegen sollte. Wenn das Fleisch gar ist, herausnehmen und das Küchengarn entfernen. Gemüse durch ein Sieb passieren, Fond aufkochen und nochmals abschmecken. Braten tranchieren und mit der Sauce servieren.
Mein Tipp: Mit Rotkraut servieren.

Tournedos Rossini

Für 4 Portionen:
schwarze Trüffeln nach Belieben
roter Portwein (ca. 100 ml à 100 g Trüffeln)
4 Medaillons vom Rinderfilet, à 120 g
50 g geklärte Butter
4 Scheiben Gänsestopfleber, à 80 g
1/8 l Dunkler Geflügelfond (s. S. 62)
1/8 l Portweinsauce (s. S. 72)
4 Scheiben Toastbrot
Salz und Pfeffer

Die Trüffeln in nicht zu dünne Scheiben schneiden, in einen Topf geben, mit rotem Portwein fast bedecken und gar kochen. Dann abseihen und beiseite stellen. Rindermedaillons in geklärter Butter von beiden Seiten scharf anbraten und 3 bis 4 Minuten lang in den 200 °C heißen Backofen stellen, herausnehmen und an einem warmen Platz ruhen lassen. In derselben Pfanne Gänsestopfleber von beiden Seiten circa 1 bis 2 Minuten braten. Toastbrot entrinden, gleich groß wie Tournedos schneiden und in einer anderen Pfanne in Butter kross braten. Gänseleber-Bratenrückstand mit etwas Portwein und Geflügelfond ablöschen und auf ein Drittel reduzieren. Mit Portweinsauce aufgießen und warm stellen. Auf je eine Toastbrotscheibe ein Tournedo, darauf wiederum die Gänsestopfleber setzen, mit Trüffelscheiben belegen und Sauce durch ein Sieb darauf passieren.

Hochrippe «Bordelaise«

Für 4–6 Portionen:
1 Hochrippe mit Knochen (2–2 1/2 kg)
Salz und Pfeffer aus der Mühle
10 Navets (weiße Rübchen)
1 Staudensellerie
3 Stangen Porree
8 gesägte Markknochen vom Metzger
1 Prise geriebene Muskatnuss
1/4 l Portwein
1/4 l trockener Rotwein
1/2 l Dunkler Kalbsfond (s. S. 62)
10 Perlzwiebeln
Butter zum Schwenken
Öl zum Braten

Das Fett der Hochrippe kreuzweise einschneiden, mit Salz und Pfeffer würzen und Fleischstück auf der Fettseite im vorgeheizten Backofen bei 220 °C 30 Minuten braten, so dass eine goldene Kruste entsteht. Das Fleisch wenden, Hitze auf 150 °C reduzieren und das Fleisch noch einmal 1 1/2 Stunden unter gelegentlichem Begießen mit dem eigenen Fett und Bratensaft garen. In der Zwischenzeit wird das Gemüse vorbereitet: Navets und Staudensellerie schälen, Sellerie in Stäbchen schneiden. Das Gemüse kurz blanchieren. Dann den Porree putzen. Das Gemüse mit den Markknochen zum Fleisch geben und etwa 5 Minuten mitgaren. Mit Salz, Pfeffer und Muskatnuss abschmecken. In einem Topf Portwein und Rotwein auf 200 ml reduzieren, mit Fond auffüllen, die geschälten Perlzwiebeln zugeben und mit Salz und Pfeffer abschmecken. Das Fleisch aus dem Ofen nehmen, in Alufolie wickeln und circa 15 Minuten ruhen lassen. Das Knochenmark aus den Knochen holen, den Knochen von der Rippe auslösen und das Fleisch aufschneiden. Die Hochrippe mit der fertigen Sauce, dem Knochenmark und dem Gemüse anrichten und servieren.

Crépinetten vom Lammrücken

Für 4 Portionen:
6 Champignonköpfe
3 Schalotten
100 g Butter
Salz und weißer Pfeffer aus der Mühle
je 1 EL gehackter Thymian und Rosmarin
8 Lamm-Medaillons, à 70 g
200 g gewässertes Schweinenetz
50 g geklärte Butter
300 ml Dunkler Lammfond (s. S. 63), auf 150 ml reduziert
Für die Farce:
100 g mageres Lammfleisch, ohne Sehnen
50 g Sahne
1 EL Crème fraîche
1 TL weißer Portwein
Salz und weißer Pfeffer aus der Mühle

Für die Farce zunächst Lammfleisch in Würfel schneiden, mit Sahne und Crème fraîche zu einer homogenen Masse mixen. Durch ein Sieb streichen, mit Portwein, Salz und Pfeffer abschmecken und kalt stellen. Geputzte Champignons und geschälte Schalotten in feine Würfel schneiden, kurz in einer Pfanne in Butter anschwitzen, mit Salz und Pfeffer würzen und auskühlen lassen. Pilzmasse mit vorbereiteter Farce und gehackten Kräutern mischen, fingerdick auf die leicht plattierten Medaillons auftragen. Das Schweinenetz ausbreiten und jedes Medaillon zweimal darin einschlagen. Geklärte Butter in eine erhitzte Pfanne geben, dann die Medaillons darin von beiden Seiten anbraten und für 2 Minuten in den 200 °C heißen Backofen stellen. Reduzierten Lammfond erhitzen und das Fleisch damit nappieren.

Mein Tipp: Mit Traminerkraut (s. S. 85) und Polenta (s. S. 101) servieren.

Geschmorte Lammkeule

Für 4 Portionen:
1 Lammkeule, 2–3 kg
Salz und Pfeffer aus der Mühle
3 Zwiebeln mit Schale
1 Möhre
1 Fenchelknolle
3 Thymianzweige
3 Rosmarinzweige
Meersalz
1/2 l Weißwein
1–2 kalte Butterflöckchen

Lammkeule salzen und pfeffern, mit der Hautseite nach unten in einen Bräter legen. Im heißen Backofen bei 200 °C etwa 30 Minuten anbraten, Keule wenden und die Temperatur auf 160 °C reduzieren. Nach 30 Minuten das geputzte Gemüse und die Kräuter hinzugeben und mit Meersalz würzen. Weitere 60 Minuten garen, dann nach und nach mit Weißwein ablöschen. Eine Stunde später Keule herausheben, in Alufolie warm ruhen lassen, Bratensaft abseihen, in einem kleinen Topf aufkochen und Fett abschöpfen. Mit kalter Butter binden und mit Salz und Pfeffer abschmecken. Die Lammkeule im Ganzen servieren und erst bei Tisch tranchieren.

Mein Tipp: Mit Artischocken-Fenchel-Gröstl (s. S. 83) servieren.

Labskaus

Für 4–6 Portionen:
800 g gepökelte Rinderbrust
2 Lorbeerblätter
8 weiße Pfefferkörner
100 g Schmalz
2 Zwiebeln
6 Gewürzgurken
1 kg mehlig kochende Kartoffeln
1/8 l Rote-Bete-Saft
1/8 l Saft von Gewürzgurken
2 EL Senf
Salz und weißer Pfeffer aus der Mühle
Für die Beilagen:
4–6 Eier
50 g Butter
4–6 Gewürzgurken
4–6 Matjesfilets
200 g gekochte Rote-Bete-Scheiben

Die Rinderbrust in einen Topf geben, mit Wasser bedecken und mit Lorbeerblätter und Pfefferkörner circa 1 1/2 Stunden kochen. Schmalz in einen Topf geben und die fein gehackten Zwiebeln darin anschwitzen. Gewürzgurken und gekochte Kartoffeln mit der Rinderbrust durch den Fleischwolf drehen. Die Masse in den Topf mit den Zwiebeln geben, mit Rote-Bete- und Gewürzgurkensaft auffüllen und verrühren. Senf hinzugeben und mit Salz und Pfeffer abschmecken. Für die Garnitur Spiegeleier braten und sämtliche Beilagen dann separat servieren.

Geschmorte Milchlammschulter

Für 4–6 Portionen:
1–2 Milchlammschultern, à ca. 1,2 kg
Salz und weißer Pfeffer aus der Mühle
50 ml Öl
2 Möhren
2 gelbe Rüben
2 Zucchini
2 Petersilienwurzeln
2 Tomaten
1 Bund Thymian
1 Bund Rosmarin
10 weiße Pfefferkörner
2–3 Lorbeerblätter
1/4 l Rotwein
1/2 l Dunkler Lammfond (s. S. 63)
6 Schalotten
1 Bund Frühlingszwiebeln
3 EL Butter
3 EL Balsamico-Essig
1 EL gehackter Thymian und Rosmarin

Lammschulter mit Salz und Pfeffer würzen und in einem Bräter in Öl rundum anbraten. Gemüse, außer Schalotten und Frühlingszwiebeln, schälen und in Würfel schneiden, aber nur die Hälfte davon zum Fleisch geben, Kräuter und Gewürze darüber streuen und Fleisch im vorgeheizten Backofen bei 200 °C auf jeder Seite 30 Minuten anbraten. Dann weitere 45 Minuten garen und immer wieder mit Rotwein und Lammfond übergießen. Anschließend Lammschulter in eine andere Pfanne legen und die Sauce mit dem mitgeschmorten Gemüse über das Fleisch passieren. Nun das restliche Gemüse mit den geschälten, halbierten Schalotten, den geschälten Frühlingszwiebeln und der Butter über das Fleisch verteilen und für 15 Minuten nochmals in den Backofen schieben. Währenddessen wiederholt übergießen. Rund 2 bis 3 Minuten vor Garungsende mit Balsamico-Essig, Salz, Pfeffer, Thymian und Rosmarin würzen.

Mein Tipp:
Milchlammschulter mit Morcheln in Petersilienrahm (s. S. 91) und Kartoffelgratin (s. S. 89) servieren.

Nahezu alle Aromen der Mittelmeerküche finden sich – von Balsamico-Essig über Rosmarin, Thymian und Olivenöl – in Viehhausers Lammgerichten wieder. Nur Knoblauch hat bei ihm »Hausverbot«.

VERFÜHRERISCHE DESSERTS

Manches klingt wie ein Gruß aus einer anderen, längst verschwundenen Welt: Da wimmelt es geradezu von nostalgisch anmutenden Köstlichkeiten, wie Strudeln, Topfentascherln, Zwetschgenknödeln, Grießschmarren, Esterházy- und anderen Torten. Kurzum: Wer Josef Viehhausers Dessertkarte liest, weiß schnell, dass der aus Österreich stammende Meisterkoch keineswegs gewillt ist, seine kulinarische Herkunft zu verleugnen, und zwar schon gar nicht im süßen Bereich. »Es gibt auch keinen meiner Gäste, dem ich erklären muss, dass Topfen auf Deutsch Quark heißt«, amüsiert er sich über ein altes Kommunikationsproblem zwischen Nordlichtern und »Ösis«.
Kein Wunder: Wer einmal von Viehhausers Topfenteig gekostet hat, der fragt nicht mehr lange.

Mehlspeis-Mühe lohnt sich.

Zugegeben: Mehlspeisrezepte, zumal jene, die ihren Ursprung in der altösterreichisch-böhmischen Küche haben, sind oft langwierig und kompliziert. Dafür werden sie auf den folgenden Seiten auch Schritt für Schritt erklärt, und die wohlschmeckende Belohnung für die oft etwas längere Beschäftigung mit Butter, Zucker, Mehl, Eiern, Nüssen, Mandeln, Marzipan und anderen sündigen Köstlichkeiten entschädigt für so manche Mühsal.

Dabei sind Viehhausers Desserts niemals schwer und liegen auch nicht im Magen. Zumeist verstehen sie sich als locker aufgeschlagene Magenverschließer von dezenter Süße und mit hohem Frucht- und Obstanteil. Denn klarerweise hat Viehhauser nicht nur bei den Mehlspeisköchinnen seiner Heimat gekiebitzt, sondern auch von französischen Pâtissiers gelernt. Auch die deutsche süße Küche kommt mit delikaten Verführungen wie Pumpernickelflan, Roter Grütze und Prinzregententorte alles andere als zu kurz.

Die süsse Leichtigkeit des Seins.

Zudem finden sich auf den nächsten Seiten auch einige luftig leichte Muntermacher, wie Erdbeer-Champagner-Suppe, gebackene Früchte auf Rotweinsabayon, Rhabarber-Ingwer- oder Campari-Orangen-Sorbet. Das alte Vorurteil, dass Dessertküche zwar ein Genuss, aber meist einer mit Reue ist, lässt sich heutzutage längst nicht mehr aufrechterhalten. Wie auch in den vorherigen Kapiteln wird zunächst die Zubereitung der Grundmassen und -teige der süßen Küche genau erläutert, bevor dann schließlich nach genauer Anleitung oder auch in freien Assoziationen kombiniert werden darf.

Das alte Vorurteil, dass Dessertküche zwar ein Genuss, aber meist einer mit Reue ist, lässt sich heutzutage längst nicht mehr aufrecht erhalten.

»Strudel ist wie Striptease: anziehend ausgezogen.«

Strudelteig

500 g Mehl (Type 405)
1 Prise Salz
3–4 EL Öl
1–2 Eier
1/4 l lauwarmes Wasser
Mehl für die Arbeitsfläche

Das Mehl auf die Arbeitsfläche sieben und eine Mulde bilden. Salz, Öl und Eier hineingeben, das Wasser nach und nach einmengen und alles zu einem weichen, glatten Teig verkneten. Den Teig dünn mit Öl bestreichen und zugedeckt 30 Minuten ruhen lassen. Auf einem bemehlten Tuch ausrollen und mit beiden Handrücken vorsichtig sehr dünn ausziehen. Je nach Weiterverwendung mit flüssiger Butter bestreichen und füllen.

Blätterteig

500 g Mehl (Type 405)
200 ml kaltes Wasser
1 EL Rum
2 TL Salz
500 g Butter
50 g Mehl (Type 405)
Wasser oder Eiweiß zum Bestreichen

Das Mehl auf die Arbeitsfläche sieben und eine Mulde bilden. Kaltes Wasser, Rum und Salz in die Mulde schütten und mit der Hand Wasser und Mehl von innen nach außen vermischen. Dabei immer wieder mit einem Teigschaber Mehl in die Mitte geben. Den Teig kneten, bis die Oberfläche glatt und glänzend ist. Zugedeckt im Kühlschrank 15 Minuten ruhen lassen. Inzwischen Butter in Würfel schneiden, 50 g Mehl darüber sieben und rasch verkneten, damit der Teig nicht zu weich wird. Zuerst den Wasserteig vierlappig ausrollen, dann den Butterteig quadratisch ausrollen und auf die Mitte des Wasserteiges legen. Ränder mit Wasser oder Eiweiß bestreichen. Teig von beiden Seiten über den Butterteig schlagen, in der Mitte etwas überlappen lassen und zusammendrücken. Fingerdick in zwei Richtungen, abwechselnd von vorne nach hinten und von rechts nach links, ausrollen. Für 20 Minuten kühl stellen. Für die einfache Tour werden zwei Drittel des Teiges zusammengeklappt. Dabei exakt arbeiten und darauf achten, dass die Ränder gerade aufliegen. Nun das letzte Teigdrittel darüber schlagen. Im Kühlschrank 20 Minuten ruhen lassen. Für die doppelte Tour wieder ausrollen. Beide Seiten bis zur Mitte einschlagen und nochmals längs zusammenklappen. Abermals 20 Minuten kühlen. Tour 1 und 2 wiederholen. Dabei darauf achten, dass zwischen den beiden Touren eine Kühlzeit von jeweils 30 Minuten liegt.

Mürbteig

125 g Puderzucker
2 Eigelb
1 Ei
250 g Butter
500 g Mehl (Type 405)
Schale von 1 unbehandelten Zitrone

Puderzucker, Eigelb, Ei, geriebene Zitronenschale mit Butter vermengen und mit Mehl rasch zu einem geschmeidigen Teig verkneten. Für 45 Minuten im Kühlschrank zugedeckt ruhen lassen. Je nach Verwendung weiterverarbeiten.

Salziger Mürbteig

1 Eigelb
125 g Butter
1–2 EL Wasser
1 Prise Salz
250 g Mehl

Eigelb, Butter, Wasser und Salz mit Mehl rasch zu einem glatten Teig verarbeiten und 45 Minuten kühl rasten lassen. Je nach Verwendung weiterverarbeiten.
Mein Tipp: Aus dieser Mürbteig-Variante lässt sich feines Salzgebäck oder pikante Käsestangen zubereiten.

Brioche

Für 4–6 Portionen:
2 EL Milch
15 g Hefe
350 g Mehl
$2\frac{1}{2}$ EL Zucker
1 Prise Salz
200 g weiche Butter
4 Eier

Die Milch erwärmen, Hefe darin auflösen und mit etwas Mehl zu einem Vorteig verrühren. Diesen an einem warmen Ort aufgehen lassen, bis er das Doppelte seines Volumens erreicht hat. Die restlichen Zutaten in einer Schüssel mit dem aufgegangenen Vorteig verrühren und den Teig schlagen, bis sich Blasen bilden. Mit einem Tuch bedeckt neuerlich an einem warmen Ort aufgehen lassen. Diesen Vorgang zweimal wiederholen. Anschließend den Teig 1 Stunde lang kalt stellen und dann je nach Verwendung in entsprechende Formen füllen. Bei 220 °C etwa 20 Minuten im heißen Backofen backen.

Topfenteig

Für 4–6 Portionen:
100 g Butter
1 Prise Salz
Schale von 1 unbehandelten Zitrone
2 Eier
500 g Topfen (Magerquark)
250 g Mehl

Butter mit Salz, abgeriebener Zitronenschale und Eiern schaumig rühren. Masse auf einer Arbeitsfläche mit Quark und Mehl zu einem glatten Teig verarbeiten, eine Rolle formen und im Kühlschrank abgedeckt 30 Minuten ruhen lassen.
Mein Tipp: Den Quark einen Tag vorher in ein Passiertuch legen und abtropfen lassen oder gegebenenfalls in dem Passiertuch ausdrücken, um ihm die überschüssige Flüssigkeit zu entziehen.

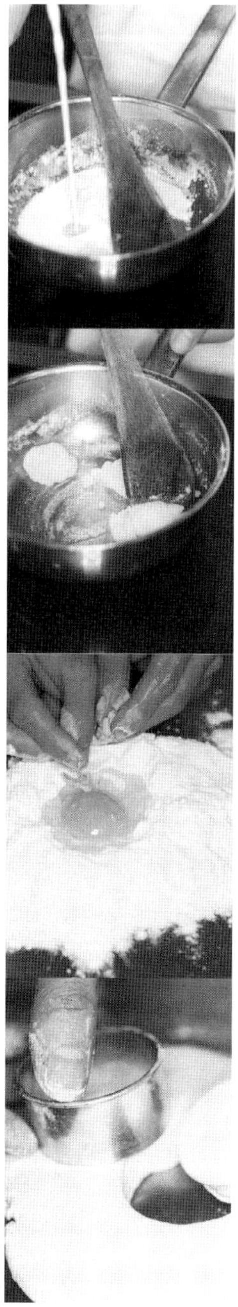

Plunderteig

Für 4–6 Portionen:
400 g Butter
500 g Mehl (Type 405)
40 g Hefe
60 g Puderzucker
1 TL Vanillezucker
Schale von 1 unbehandelten Zitrone
1 TL Salz
ca. $\frac{1}{8}$ l Milch
3 Eigelb

Etwa 350 g Butter mit 5 Esslöffel Mehl verkneten, zu einem Ziegel formen und kalt stellen. Hefe, Zucker, Vanillezucker, abgeriebene Zitronenschale und Salz in der kalten Milch auflösen und mit den restlichen Zutaten zu einem Teig verarbeiten. Eine Kugel daraus formen, kreuzweise einschneiden und 20 bis 30 Minuten ruhen lassen. Den Teig vierlappig ausrollen, den Butterziegel wie beim Blätterteig (s. S. 133) einschlagen. Einmal dreiteilig einschlagen und zur einfachen Tour verarbeiten, 30 Minuten kühl ruhen lassen, einmal vierteilig zusammenschlagen (doppelte Tour) und abermals kühl stellen.

Brandteig

Für 4–6 Portionen:
$\frac{1}{4}$ l Wasser
100 g Butter
1 Prise Salz
200 g Mehl (Type 405)
4 Eier

In einem Topf Wasser, Butter und Salz aufkochen. Das Mehl einrühren und so lange rühren, bis sich der Teig vom Topfboden löst. Dann vom Feuer nehmen und die Eier nach und nach einrühren.
Mein Tipp: Werden Mehlspeisen aus Brandteig anschließend in Fett herausgebacken, so verwendet man statt Wasser besser Milch.

Backteig (Wein- oder Bierteig)

Für 4–6 Portionen:
250 g Mehl (Type 405)
1/4 l Weißwein oder Bier
2 Eigelb
2 EL zerlassene Butter
1 Prise Salz
1 Prise Vanillezucker
2 Eiweiß
50 g Puderzucker

Das Mehl in eine Schüssel sieben und mit Weißwein oder Bier, Eigelb und der zerlassenen Butter verrühren. Salz und Vanillezucker beigeben. Eiweiß mit 50 g Puderzucker cremig schlagen und unter den Teig heben.

Palatschinken- und Crêpeteig

Für 4–6 Portionen:
1/4 l Milch bzw.
1/4 l Milch und 250 g Sahne
250 g Mehl (Type 405)
5 Eier
2 EL zerlassene Butter
1 Prise Salz
geklärte Butter zum Backen

Alle Zutaten vermengen und zu einem glatten Teig verrühren. In einer heißen Pfanne etwas Butter erhitzen, Teig hauchdünn eingießen, den Teig am Pfannenboden zerlaufen lassen und Palatschinke von beiden Seiten backen. Die fertigen Palatschinken je nach weiterer Verwendung füllen.
Mein Tipp: Für den etwas feineren Crêpeteig vermengt man 1/4 l Milch mit 250 g Sahne.

Hefeteig

Für 4–6 Portionen:
20 g Hefe
1/4 l Milch
Schale von 1/2 unbehandelten Zitrone
500 g Mehl (Type 405)
100 g Butter
100 g Zucker
4 Eier
1/2 TL Salz
Mehl zum Bestäuben

Zerkrümelte Hefe in etwas lauwarmer Milch mit wenig Mehl zu einem dickflüssigen Teig verarbeiten. Diesen an einem warmen Ort zugedeckt aufgehen lassen, bis die Oberfläche Risse zeigt. Zitronenschale abreiben, mit den übrigen Zutaten und der restlichen Milch vermischen, unter den Vorteig mengen und alles so lange verkneten, bis der Teig seidig glänzt und sich vom Geschirr löst. Leicht mit Mehl bestäuben, zugedeckt an einen warmen Ort stellen und noch einmal aufgehen lassen. Das Volumen des Teiges muss sich um ein Drittel vergrößern. Den Teig wieder zusammenschlagen und neuerlich aufgehen lassen, erst dann verarbeiten. Backgut vor dem Backen ein letztes Mal aufgehen lassen.

Warme Biskuitmasse

Für 4–6 Portionen:
5 Eier
120 g Zucker
Vanillezucker und Salz
Schale von 1 unbehandelten Zitrone
90 g Mehl
4 EL Speisestärke
4 EL zerlassene Butter

Eier, Zucker, Vanillezucker, Salz und abgeriebene Zitronenschale über einem Wasserbad in einem Schlagkessel warm aufschlagen, anschließend kalt schlagen, bis sich eine schaumig cremige Masse bildet. Das gesiebte Mehl mit Stärke vermischen, unter die Eiermasse heben und nach und nach die zerlassene Butter unterrühren. Bei 200 °C im vorgeheizten Backofen (für Torten etwa 30 Minuten) backen.
Mein Tipp: Für Nussbiskuit ersetzt man ein Drittel der Mehlmenge durch gemahlene Nüsse, für Kakaobiskuit die Mehlmenge um 30 g reduzieren und Masse mit ungefähr 3 Esslöffel Kakao vermengen.

Kalte Biskuitmasse

Für 4–6 Portionen:
5 Eigelb
1 EL Vanillezucker
Schale von 1 unbehandelten Zitrone
1 Prise Salz
120 g Zucker
5 Eiweiß
120 g Mehl

Eigelbe, Vanillezucker, abgeriebene Zitronenschale, Salz und etwa ein Drittel des Zuckers schaumig rühren. Eiweiß unter Zugabe des restlichen Zuckers zu festem Schnee schlagen. Eischnee unter die Eigelbmasse heben und das gesiebte Mehl vorsichtig einrühren. Entweder auf ein Backpapier streichen oder in eine gebutterte Tortenform füllen, im vorgeheizten Backofen bei 180 bis 200 °C je nach Verwendung (Rouladen etwa 8 bis 10 Minuten, Torten 30 Minuten) backen.

Pumpernickel-Flan

Für 6 Portionen:
1 Blatt Gelatine
125 ml Milch
1 1/2 EL Zucker
10 g Vanillezucker
2 Eigelb
60 g Pumpernickel
Schale von je 1 unbehandelten Orange und Zitrone
1 EL Puderzucker
125 g Sahne
2 cl Grand Marnier

Gelatine in kaltem Wasser einweichen. Milch mit Zucker und Vanillezucker aufkochen lassen. Eigelbe schaumig rühren und die kochende Milch unter ständigem Rühren zugeben, bis eine leichte Bindung entstanden ist. Ausgedrückte Gelatine in der Masse auflösen, alles durch ein Sieb passieren und kalt stellen. Pumpernickel reiben, mit den abgeriebenen Schalen der Zitrusfrüchte und dem Puderzucker vermengen. Die Sahne steif schlagen. Bevor die Milch zu stocken beginnt, Sahne, Pumpernickelmischung und Grand Marnier unterziehen. Die Masse in gekühlte Förmchen füllen, 3 Stunden kalt stellen und vor dem Servieren stürzen.
Mein Tipp: Mit Schokoladensauce und Kompott anrichten.

Pralinenmousse

Für 4–6 Portionen:
65 g dunkle Kuvertüre
65 g weiße Kuvertüre
125 g Nougat
2 Blatt Gelatine
500 g Sahne
1 Ei
1 Eigelb
2 cl Grand Marnier
2 cl Cognac
Saft und Schale von 1 Orange

Dunkle und weiße Kuvertüre sowie Nougat im Wasserbad schmelzen. Gelatine in kaltem Wasser einweichen, Sahne steif schlagen. Das Ei mit dem Eigelb ebenfalls über einem Wasserbad schaumig schlagen und unter die flüssige Nougatkuvertüre mengen. Die Gelatine gut ausdrücken und in einem kleinen Topf in Grand Marnier, Cognac und Orangensaft auflösen. Die aufgelöste Gelatine der Nougatmasse beigeben, dann die geschlagene Sahne und zum Schluss die abgeriebene Orangenschale unterheben. Masse in eine passende Schüssel füllen und 2 Stunden kalt stellen.

Marzipanmousse

Für 4–6 Portionen:
3 Blatt Gelatine
1/4 l Milch
250 g Marzipan
2 Eigelb
75 g Zucker
2 cl Amaretto
250 g geschlagene Sahne

Die Gelatine in kaltem Wasser einweichen. Milch mit Marzipan erwärmen und so lange verrühren, bis eine glatte Masse entsteht. Das Eigelb mit dem Zucker über einem Wasserbad warm schlagen. Gelatine gut ausgedrückt in die Eimasse einmengen, die Marzipanmasse hinzufügen und mit Amaretto abschmecken. Masse rühren, bis sie erkaltet ist und abschließend die geschlagene Sahne unterheben. Die Mousse vor dem Servieren etwa 6 Stunden kalt stellen.

Limonen-Joghurt-Terrine

Für 4–6 Portionen:
4 Blatt Gelatine
1 cl Bacardi
65 g Puderzucker
110 ml Limonensaft
Schale von 1 unbehandelten Limone
250 g Joghurt
250 g geschlagene Sahne

Gelatine in kaltem Wasser einweichen, gut ausdrücken und in Bacardi warm auflösen. Den Puderzucker in Limonensaft auflösen. Abgeriebene Limonenschale mit Limonensaft und Joghurt vermengen, aufgelöste Gelatine einrühren und die geschlagene Sahne unterheben. Die Masse in eine mit Klarsichtfolie ausgelegte Terrinenform füllen und 4 Stunden kalt stellen. Vor dem Servieren stürzen.
Mein Tipp: Mit diversen Fruchtsaucen servieren.

Gestürzte Erdbeercrème

Für 4–6 Portionen:
3 Blatt Gelatine
375 g Erdbeeren
2 EL Zucker
2 EL Orangenlikör
1 EL Zitronensaft
125 g geschlagene Sahne

Gelatine in kaltem Wasser einweichen. Erdbeeren waschen und putzen, dann etwa 250 g davon im Mixer pürieren und passieren. Die restlichen Erdbeeren in Würfel schneiden. Erdbeerpüree im Topf bei milder Hitze erwärmen, aber nicht kochen. Gelatine ausdrücken und im Püree auflösen, in eine Schüssel umfüllen und mit Zucker, Orangenlikör und Zitronensaft abschmecken. 15 Minuten kühl stellen. Sahne halb steif schlagen und unter das Püree ziehen. Zum Schluss die Erdbeerwürfel unterheben. Masse in passende Förmchen füllen und mindestens 4 Stunden kühl stellen. Vor dem Servieren sehr vorsichtig stürzen.

Punschcrème

Für 4–6 Portionen:
6 Blatt Gelatine
1 Vanilleschote
Schale von je 1 unbehandelten Orange und Zitrone
je 1 Gewürznelke und Zimtstange
1 Prise Salz
je 1 Msp. Kardamom und Lebkuchengewürz
1/2 l Milch
5 Eigelb
120 g Zucker
1 cl Rum
1 cl Crème de Cacao (Kakaolikör)
50 g in Rum eingelegte Rosinen
500 g Sahne

Gelatine in kaltem Wasser einweichen. Vanilleschote aufschlitzen und Mark herauskratzen, Zitronen- und Orangenschale abreiben. Dann alles mit den restlichen Gewürzen in der Milch aufkochen. Eigelb mit Zucker in einer Schüssel verrühren, die Gewürzmilch unter ständigem Rühren auf die Eigelbmasse passieren und über einem Wasserbad so lange rühren, bis eine Bindung entsteht. Ausgedrückte Gelatine einrühren, auflösen und alles erkalten lassen. Bevor die Masse anzieht, Rum, Crème de Cacao, Rosinen und geschlagene Sahne untermengen. Crème 5 Stunden kalt stellen.

Mein Tipp: Mit einem heißen Löffel kleine Klöße ausstechen und mit frischen Erdbeeren dekorieren.

Griessflammeri

Für 4–6 Portionen:
4 Blatt Gelatine
1/4 l Milch
1 Prise Salz
Schale von 1 unbehandelten Zitrone
1/2 Vanilleschote
25 g Hartweizengrieß
3 Eigelb
60 g Kristallzucker
200 g Sahne

Gelatine in kaltem Wasser einweichen. Milch mit Salz, abgeriebener Zitronenschale und dem ausgekratzten Mark der Vanilleschote aufkochen. Grieß mit einem Schneebesen einrühren und gut durchkochen. Eigelb und Kristallzucker über einem Wasserbad warm aufschlagen. Grießmasse in eine Schüssel geben, ausgedrückte Gelatine einrühren, schaumig gerührte Eigelbmasse untermengen und kalt stellen. Nach dem Erkalten geschlagene Sahne unterziehen und in Förmchen füllen. 4 Stunden lang kühlen.

Mein Tipp: Mit diversen Fruchtsaucen und frischen Beeren servieren.

Erdbeer-Champagner-Suppe

Für 4 Portionen:
100 g reife Erdbeeren
100 ml Läuterzucker
Saft von 1 Zitrone
150 ml Champagner

Die gewaschenen Erdbeeren mit Läuterzucker und Zitronensaft in einem Mixer pürieren. Anschließend durch ein Sieb passieren. Zum Schluss den kalten Champagner untermischen.

Mein Tipp: Die Suppe in einem tiefen Teller anrichten und mit etwas Rhabarber-Ingwer-Sorbet (s. S. 147) servieren.

Schnee-Eier mit Vanillesauce

Für 4–6 Portionen:
8 Eiweiß
200 g Zucker
300 ml Milch
1 Vanilleschote

Das Eiweiß steif schlagen und den Zucker nach und nach einrieseln lassen. Die Milch mit der ausgeschabten Vanilleschote und dem Mark erhitzen. Aus dem steif geschlagenen Eischnee mit einem Löffel kleine Klöße stechen und in die etwa 80 °C warme, aber nicht kochende Vanillemilch einlegen. Abdecken und ungefähr 4 Minuten ziehen lassen. Mit einer Schaumkelle herausnehmen und auf einem Tuch abtropfen lassen.

Mein Tipp: Besonders attraktiv sieht dieses Dessert aus, wenn man die eine Hälfte der Schnee-Eier jeweils mit Erdbeerpüree und die andere Hälfte mit kalter Vanille- oder Schokoladensauce überzieht.

Gefüllte Schokoladenbirne

Für 4 Portionen:
200 g Läuterzucker
Saft von 3 Zitronen
1/4 l Weißwein
1/4 l Grenadine (gesüßter Granatapfelsaft)
1 Gewürznelke
1 Zimtstange
4 Williamsbirnen
2 EL Speisestärke
4 cl Birnenschnaps
Pralinenmousse nach Rezept (s. S. 137)

Läuterzucker mit Zitronensaft, Weißwein, Grenadine und den Gewürzen aufkochen. Die Birnen schälen, mit einem Ausstecher aushöhlen, in den heißen Sud setzen und gar ziehen lassen. Birnen herausnehmen und erkalten lassen. Den Sud passieren und auf zwei Drittel reduzieren. Speisestärke mit Birnenschnaps verrühren und den Sud damit nicht zu dick binden. Die erkalteten Birnen mithilfe eines Spritzbeutels mit Pralinenmousse füllen und für 2 Stunden kalt stellen. Zum Schluss die Birnen vorsichtig durch den leicht gelierten Fond ziehen.

Mein Tipp: Garnieren Sie dieses fruchtige Dessert mit etwas Vanilleeis.

Rote Grütze

Für 4–6 Portionen:
200 ml Sekt oder trockener Riesling
Saft von je 1 Zitrone und Orange
150 g Zucker
1 Zimtstange
150 g Kirschen
100 g Himbeeren
100 g Brombeeren
100 g Blaubeeren
100 g rote Johannisbeeren
70 g schwarze Johannisbeeren
5 cl Sekt zum Anrühren der Stärke
50 g Speisestärke

Den Sekt mit Zitronen- und Orangensaft, Zucker und Zimtstange erhitzen. Die Kirschen entkernen, dazugeben und kurz zusammen aufkochen lassen. Nun die übrigen Früchte einmengen, kurz ziehen lassen, Zimtstange wieder entfernen. Den restlichen Sekt mit der Stärke kalt anrühren und die Früchte damit binden. Die Grütze erkalten lassen.

Mein Tipp: Servieren Sie die Rote Grütze am besten in einem tiefen Teller mit Vanilleeis, Vanillesauce, Milch oder Sahne.

»Rote Grütze ist ein mit Beeren gesäumter Waldweg durch den Gaumen.«

Topfentascherln mit Butterbröseln

Für 6 Portionen:
50 g handwarme Butter
1 Prise Salz
1/2 Vanilleschote
80 g Puderzucker
Schale von 1 unbehandelten Zitrone
2 Eigelb
1 EL saure Sahne
150 g Quark (Topfen)
Topfenteig nach Rezept (s. S. 134)
Mehl für die Arbeitsfläche
Eigelb zum Bestreichen
1/2 TL Salz
Puderzucker zum Bestreuen
Für die Butterbrösel:
5 Scheiben altbackenes Weißbrot
50 g Butter
2 EL Zucker

Für die Fülle Butter mit Salz, dem ausgekratzten Vanillemark, Puderzucker und geriebener Zitronenschale schaumig rühren. Eigelb, saure Sahne und Quark unterrühren. Topfenteig auf einer bemehlten Arbeitsfläche etwa 3 mm dick ausrollen und mit einem runden Ausstecher Kreise von 8 cm Durchmesser ausstechen. In der Mitte jeder Scheibe etwas Fülle platzieren, Teig rundum mit Eigelb bestreichen und dann halbmondförmig zusammenklappen. Die Täschchen an den Rändern festdrücken und in leicht wallendem Salzwasser 8 bis 10 Minuten garen. Mit einem Schaumlöffel aus dem Wasser nehmen, abtropfen lassen. Für die Butterbrösel Weißbrot entrinden und zu Brösel zerkleinern. Butter schmelzen, Brösel und Zucker zugeben, leicht Farbe annehmen lassen und Täschchen darin wenden. Mit Puderzucker bestreuen.
Mein Tipp: Für Powidltascherln werden die Täschchen mit Powidl (eingedicktem Pflaumenmus), für Aprikosentaschen mit Aprikosenmarmelade gefüllt.

Zwetschen, Pflaumen & Co.

Botanisch gesehen gibt es keine Zwetschen, sondern nur die »Echte Zwetsche«, die allerdings nicht, wie man meist glaubt, dasselbe wie eine Pflaume ist, sondern lediglich eine Varietät der Obstart Pflaume (Prunus domestica), zu der neben der Zwetsche auch Mirabellen, Kriechen, Renekloden u. v. a. gehören.

Zwetschgenknödel

Für 6 Portionen:
12 Zwetschgen (Zwetschen)
12 Stück Würfelzucker
Topfenteig nach Rezept (s. S. 134)
1/2 TL Salz
Für die Butterbrösel:
5 Scheiben altbackenes Weißbrot
50 g Butter
25 g Zucker
Puderzucker zum Bestreuen

Die Zwetschgen entkernen und jeweils einen Würfelzucker in die Zwetschge stecken. Topfenteig in 12 Scheiben schneiden und je eine Zwetschge mit einer Teigscheibe umhüllen. Reichlich Salzwasser aufkochen und Knödel leicht wallend 10 bis 12 Minuten gar ziehen lassen. Herausnehmen und abtropfen lassen. Für die Butterbrösel Weißbrot entrinden, zu Brösel zerkleinern, Butter schmelzen, Brösel und Zucker zugeben, Farbe annehmen lassen und die Knödel darin wenden. Mit Puderzucker bestreuen.
Mein Tipp: Statt Zwetschgen können auch Aprikosen (für Marillenknödel) oder ganze Erdbeeren, (für Erdbeerknödel) verwendet werden.

Griessschmarren

Für 4–6 Portionen:
1/2 Vanilleschote
1 l Milch
160 g Zucker
Schale von 1 unbehandelten Zitrone
160 g Butter
1 Prise Salz
420 g Grieß
1 EL geklärte Butter
80 g Rosinen
Puderzucker zum Bestreuen

Die Vanilleschote der Länge nach aufschneiden, das Mark von einer Hälfte auskratzen und mit Milch, Zucker, der abgeriebenen Zitronenschale, Butter und Salz aufkochen. Grieß einrühren, die Masse am Herd unter ständigem Rühren anrösten. Anschließend eine Pfanne mit Butter ausstreichen. Die Masse darin verteilen und im vorgeheizten Backofen bei 200 °C etwa 15 Minuten unter ständigem Wenden backen. Erst kurz vor dem Servieren die Rosinen dazugeben (sie verbrennen sonst). Den Griesschmarren anrichten und mit Puderzucker bestreuen.
Mein Tipp: Servieren Sie diese deftige Nachspeise mit einem fruchtigen Kompott und beliebigen Fruchtsaucen.

Basmatireis-Auflauf

Für 4–6 Portionen:
1/2 l Milch
50 g Butter
Schale von 1 unbehandelten Zitrone
1 Prise Salz
1/2 Vanilleschote
150 g Basmatireis
5 Eigelb
5 Eiweiß
100 g Zucker
Butter und Zucker für die Form

Milch mit Butter, abgeriebener Zitronenschale, Salz und dem ausgekratzten Vanillemark aufkochen, Reis zugeben und nochmals aufkochen lassen. Bei geringer Hitze so lange köcheln, bis der Reis die Milch vollkommen aufgenommen hat und gar ist. Auskühlen lassen. Die Eigelbe mit der Hälfte des Zuckers schaumig rühren, Eiweiß mit der anderen Hälfte steif schlagen. Reis unter Eigelbmasse rühren und Eiweiß unterheben. Masse in eine gebutterte und gezuckerte Auflaufform einfüllen, im vorgeheizten Backofen bei 180 °C etwa 10 Minuten anbacken, dann bei 150 °C weitere 20 Minuten fertig backen.
Mein Tipp: Mit warmem Kirschkompott servieren.

Vanillesoufflé

Für 4 Portionen:
1/4 l Milch
1/2 Vanilleschote
50 g Butter
50 g Grieß
4 Eigelb
4 Eiweiß
70 g Kristallzucker
flüssige Butter und Zucker für die Förmchen

Milch und das ausgekratzte Vanillemark aufkochen. Butter und Grieß unterrühren, ohne Hitze 30 Minuten ziehen lassen und anschließend das Eigelb einrühren. Masse kalt werden lassen. Eiweiß mit dem Kristallzucker steif schlagen und vorsichtig unter die abgekühlte Masse heben. Soufflé-Förmchen mit flüssiger Butter ausstreichen und mit Zucker ausstreuen. Die Masse in die Förmchen füllen und im Wasserbad im Backofen bei 200 °C etwa 25 Minuten lang backen.

Kirschenstrudel

Für 4–6 Portionen:
120 g Butter
150 g Semmelbrösel
Strudelteig nach Rezept (s. S. 133)
Mehl für die Arbeitsfläche
Butter zum Bestreichen
2 kg Kirschen
200 g Kristallzucker
Zimtpulver
Puderzucker zum Bestreuen

Die Butter in einem Topf zerlassen, die Brösel darin rösten. Strudelteig auf einem bemehlten Tischtuch mit beiden Handrücken dünn ausziehen und gut mit Butter beträufeln. Auf das erste Drittel des Teiges die Butterbrösel verteilen. Dann die entkernten, mit Kristallzucker und Zimt vermengten Kirschen darauf legen. Ränder abschneiden und einrollen. Auf ein Backpapier setzen, mit Butter bestreichen und bei 200 °C im vorgeheizten Backofen etwa 30 Minuten backen. Mit einem Sägemesser schneiden und vor dem Servieren noch mit Puderzucker bestreuen.

Gebackene Früchte auf Rotwein-Sabayon

Für 4 Portionen:
4 Aprikosen
12 Erdbeeren
8 Feigen
1 Mango
Backteig nach Rezept (s. S. 135)
250 g Butterschmalz zum Backen
Puderzucker zum Bestreuen
Für das Rotwein-Sabayon:
3/4 l Rotwein
5 cl roter Portwein
1 Zimtrinde
8 Eigelb
50 g Puderzucker
8 cl Crème de Cassis
5 cl Grand Marnier
Saft von 1/2 Zitrone

Früchte waschen, in nicht zu kleine Stücke schneiden, durch den Backteig ziehen und im heißen Fett backen. Auf einem Küchenkrepp abtropfen lassen. Für das Rotweinsabayon den Rot- und Portwein mit der Zimtrinde auf 200 ml reduzieren. Erkalten lassen, Zimt entfernen. Alle Zutaten vermengen und über Wasserbad schaumig schlagen. Den Rotweinschaum auf einen Teller geben, die gebackenen Früchte in die Mitte legen und zum Schluss mit Puderzucker bestreuen.

Rotweinbirne

Für 6 Portionen:
2 l Rotwein
1/2 l Portwein
200 ml Cassis-Likör
200 g Zucker
2 Zimtstangen
1 Vanillestange
Saft von je 1 Orange und Zitrone
5 Wacholderbeeren
1 Lorbeerblatt
Zucker nach Geschmack
6 feste Birnen

Alle Zutaten bis auf die Birnen in einen Topf geben, aufkochen lassen und auf zwei Drittel reduzieren. Währenddessen die Birnen schälen und von unten aushöhlen. Sobald der Rotwein reduziert ist, die Birnen in den Fond einlegen und abseits des Feuers ziehen lassen, bis der Fond erkaltet ist. Dann die Birnen im Fond in den Kühlschrank stellen und 2 bis 3 Tage durchziehen lassen.

Apfeltarte

Für 4–6 Portionen:
100 g Blätterteig (s. S. 133)
80 g Marzipan
Sahne nach Bedarf
80 g Mandeln
2 große Äpfel
2 TL Zimtzucker
Für die Glasur:
80 g Marillenmarmelade
2 EL Zucker

Blätterteig dünn ausrollen und Kreise von etwa 8 bis 12 cm Durchmesser ausstechen. Marzipan mit etwas Sahne verrühren, so dass eine streichfähige Masse entsteht, diese durch ein Sieb streichen. Die Masse dünn auf die Blätterteigkreise aufstreichen, mit gehackten Mandeln bestreuen und die in feine Streifen geschnittenen Äpfel von außen nach innen auflegen. Die Tartes mit Zimtzucker bestreuen und im vorgeheizten Backofen bei 200 °C etwa 10 Minuten backen. Für die Glasur die Marillenmarmelade mit Zucker aufkochen und mit einem Pinsel auf jede Tarte auftragen.
Mein Tipp: Zur Abwechslung können die Tartes auch mit Birnen oder Zwetschgen belegt werden.

Flambierte Sauerkirschen

Für 4 Portionen:
50 g brauner Zucker
1/8 l Rotwein
5 cl Portwein
Schale und Saft von 1 Zitrone
1/2 Bund Zitronenmelisse
1 EL Kirschmarmelade
250 g Süß- oder Sauerkirschen
2 cl Kirschwasser

In einer heißen Pfanne den Zucker karamellisieren. Mit Rot- und Portwein ablöschen, Zitronenschale und -saft, Zitronenmelisse sowie Kirschmarmelade zugeben, die entkernten Kirschen darin schwenken und etwas einkochen. Zitronenmelisse entfernen, abschließend das Kirschwasser beigeben, flambieren und servieren.
Mein Tipp: In Begleitung von Eis oder Sorbet nach Wahl schmecken die Flambierten Kirschen noch feiner.

»Der Obstgarten ist die süßeste Speisekammer.«

»Schleckermäuler lassen sich gern aufs Eis führen.«

Eisgrundmasse

Für ca. 1 1/2 l:
500 g Sahne
1/2 l Milch
15 Eigelb
200 g Zucker

Sahne und Milch mit dem jeweils gewünschten Geschmacksgeber (Vanille, Krokant etc.) aufkochen. Währenddessen die Eigelbe mit Zucker schaumig schlagen. Heiße Milch-Sahne-Mischung über die Eimasse geben und über einem Wasserbad bei etwa 78 °C rühren und somit die Masse binden. Vom Feuer nehmen und etwa 10 Minuten ruhen lassen. Eismasse durch ein feines Haarsieb passieren und, sobald es abgekühlt ist, (am besten in einer Eismaschine) frieren, bis das Eis fest und cremig geworden ist.

Weisses Schokoladeneis

Für 6 Portionen:
500 g Sahne
1/2 l Milch
15 Eigelb
100 g Zucker
100 g weiße Schokolade
1 TL Crème de Cacao

Sahne und Milch aufkochen. Nebenbei die Eigelbe mit Zucker schaumig schlagen. Heiße Milch-Sahne-Mischung über die Eimasse geben und über einem Wasserbad bei etwa 78 °C rühren, damit die Masse gebunden wird. Vom Feuer nehmen, in der noch warmen Masse die zerkleinerte weiße Schokolade auflösen und mit Crème de Cacao verfeinern. Etwa 10 Minuten ruhen lassen. Eismasse durch ein feines Haarsieb passieren und frieren.

Marzipaneis

Für 6 Portionen:
200 ml Milch
100 g Sahne
2 EL Zucker
100 g Marzipan
4 Eigelb
1/2 TL Amaretto

Milch mit Sahne, Zucker und Marzipan aufkochen, mit den Eigelben vermengen und über einem Wasserbad zur Rose abziehen. Passieren, mit Amaretto abschmecken und gefrieren lassen.

Rotweineis

Für 4 Portionen:
600 ml Rotwein
175 g Zucker
1 Vanilleschote
250 g kalte Butter
5 Eigelb

Zunächst 400 ml Rotwein auf etwa 200 ml reduzieren. Die restlichen 200 ml Rotwein gemeinsam mit Zucker und ausgekratztem Vanillemark aufkochen. Kalte Butter in Würfel schneiden und mit dem kochenden Rotwein mit einem Stabmixer (am besten in einem Schlagkessel) mixen. Den Kessel auf ein Wasserbad setzen, reduzierten Rotwein zugießen und unter ständigem Mixen die Eigelbe hinzufügen. Dabei das Wasserbad bis auf 80 °C erhitzen. Eismasse passieren und abgekühlt in einer Eismaschine gefrieren lassen.

Gratiniertes Limonenparfait

Für 8 Portionen:
4 Limonen
7 Eigelb
125 g Zucker
500 g geschlagene Sahne
Puderzucker zum Bestäuben

Limonen heiß waschen, Schale abreiben und den Saft auspressen. Eigelb und Zucker über Wasserdampf warm aufschlagen, vom Dampf nehmen und mit einem Handrührgerät kalt schlagen, bis die Masse schaumig ist. Abgeriebene Limonenschale einrühren, geschlagene Sahne und Limonensaft nach und nach unter die Eigelbmasse heben. Sofort in eine gut gekühlte Terrinenform oder in kleine Portionsförmchen füllen und etwa 4 Stunden ins Gefrierfach stellen. Tiefgekühltes Parfait stürzen, in Scheiben schneiden, mit Puderzucker dick bestäuben und mit einem Bunsenbrenner oder einer Lötlampe gratinieren.

Nougatparfait

Für 6 Portionen:
80 g Nougat
4 Eier
100 g Zucker
2 cl Rum oder Haselnusslikör
Schale von 1 unbehandelten Orange
500 g geschlagene Sahne

Nougat zerkleinern und über einem Wasserbad schmelzen. Eier mit Zucker ebenfalls über einem Wasserbad schaumig schlagen, mit einem Handrührgerät kalt schlagen, bis die Masse schaumig ist. Nougat unterrühren, mit Rum oder Haselnusslikör sowie abgeriebener Orangenschale vermengen und geschlagene Sahne unterheben. In gekühlte Portionsförmchen oder in eine Terrinenform füllen und 4 Stunden gefrieren lassen.

Mein Tipp: Noch feiner schmeckt dieses Parfait, wenn man unter die Parfaitmasse etwa 3 Esslöffel geriebene Walnuss-Krokant- oder Haselnuss-Krokant-Brösel mengt.

Kastanienparfait mit Erdbeeren und Honigsauce

Für 4 Portionen:
150 g Rosinen
6 cl Rum
6 Eier
200 g Zucker
300 g Kastanienpüree
250 g geschlagene Sahne
1/2 l Rotwein
2 EL Honig
300 g Erdbeeren

Rosinen in Rum marinieren. Eier und Zucker mit dem Schneebesen in einem Wasserbad aufschlagen, vom Herd nehmen und kalt stellen. Das Kastanienpüree und die in Rum getränkten Rosinen in einem Kessel mit der Eier-Zucker-Masse verrühren. Die geschlagene Sahne unterziehen und alles 24 Stunden gefrieren lassen. Dann Rotwein auf 1/8 l reduzieren, den Honig einrühren und die gewaschenen Erdbeeren darin kurz dünsten. Auf je einem Teller 1 Esslöffel heiße Sauce mit den Erdbeeren anrichten und eine Scheibe Parfait darauf legen.

Rhabarber-Ingwer-Sorbet

Für 4 Portionen:
50 g Rhabarber
250 g Zucker
1/2 l Apfelsaft
2 Scheiben Ingwer
2 Blatt Gelatine

Rhabarber waschen, in Stücke schneiden und mit Zucker über Nacht marinieren. Dann in einem Topf zusammen mit Apfelsaft und Ingwer aufkochen. Gelatine in kaltem Wasser einweichen, gut ausdrücken und mit dem heißen Kompott pürieren. Masse passieren und sofort tiefkühlen.

Campari-Orangen-Sorbet

Für 4 Portionen:
2 Blatt Gelatine
1/4 l Läuterzucker
1/4 l Orangensaft
7 EL Campari

Die Gelatine in kaltem Wasser einweichen, ausdrücken und in dem erwärmten Läuterzucker auflösen. Orangensaft, Campari und Läuterzucker zusammen mixen. Die Masse (am besten in einer Eismaschine) gefrieren und in gekühlten Champagnergläsern servieren.

Omelette »Surprise«

Für 4 Portionen:
8 Eier
1 Vanilleschote
Schale von 1 unbehandelten Zitrone
125 g Zucker
1 Prise Salz
125 g Mehl
1 EL Läuterzucker
1 EL Rum
1 EL Grand Marnier
diverse Eissorten (je 250 g Schokoladeneis, Vanilleeis, Rotweineis)
kandierte Früchte nach Belieben
Für die Schneemasse:
6 Eiweiß
180 g Kristallzucker

Die Eier trennen. Vanillemark auskratzen, mit Eigelb, abgeriebener Zitronenschale und 60 g Zucker schaumig schlagen. Restlichen Zucker mit Eiweiß und Salz steif schlagen. Dann etwa die Hälfte des Eischnees unter die Eigelbmasse ziehen, den Rest mit dem Mehl vermengen und unterziehen. Ein Backblech mit Backpapier auslegen und Biskuitteig darauf auftragen. Im heißen Backofen bei 220 °C etwa 6 Minuten backen. Zwei gleich große Teigplatten auf die Größe der später verwendeten Form hin ausschneiden. Die Teigplatten mit etwas Läuterzucker, Rum und Grand Marnier beträufeln und eine davon in die Form legen. Diese rasch mit mehreren Schichten Eis beliebig einstreichen. Mit der zweiten Teigplatte abdecken und das Omelette 2 Stunden anfrieren lassen. Eiweiß mit Kristallzucker aufschlagen und auftragen. Nach Belieben mit kandierten Früchten verzieren. Omelette anschließend bei 250 °C Oberhitze im Backofen 4 bis 5 Minuten überbacken.

Sorbet oder Parfait?

Das Sorbet stammt aus dem Persischen und wird deshalb heute auch noch oft als Sherbet bezeichnet. Es besteht üblicherweise aus Wasser, Zucker, etwas Gelatine sowie Früchten und enthält wenig oder gar kein Milchfett. Das Parfait hingegen ist eine Errungenschaft der französischen Küche und bezeichnet ein »halb gefrorenes« Eisdessert, dem auch die Zugabe von Sahne, Eigelb oder Puddingpulver erlaubt ist.

»… sündige Köstlichkeiten von dezenter Süße.«

Butterkuchen

Für 10 Portionen:
Hefeteig nach Rezept (s. S. 135)
Mehl für die Arbeitsfläche
Fett für das Backblech
Für den Belag:
250 g Butterflocken
200 g Zucker
100 g Mandeln

Hefeteig herstellen. Auf einer bemehlten Arbeitsplatte ausrollen, auf ein befettetes Backblech legen und etwa 10 bis 15 Minuten aufgehen lassen. Mit Butterflocken bestreuen, Zucker und gehobelte Mandeln darüber streuen und im vorgeheizten Backofen bei 180 °C etwa 25 bis 30 Minuten backen.

Bienenstich

Für 10 Portionen:
Hefeteig nach Rezept (s. S. 135)
Mehl für die Arbeitsfläche
Fett für die Form
Für den Belag:
150 g Butter
1 1/2 EL Zucker
1 EL Honig
70 g Sahne
200 g Mandeln
Für die Fülle:
4 Eigelb
4 EL Speisestärke
1/2 l Milch
1 Vanilleschote
1 Prise Salz
130 g Zucker
5 Blatt Gelatine
500 g geschlagene Sahne

Den vorbereiteten Hefeteig auf einer bemehlten Arbeitsplatte ausrollen, auf ein befettetes Backblech legen, mit einer Gabel in geringen Abständen einstechen und 10 bis 15 Minuten aufgehen lassen. Für den Belag Butter mit Zucker, Honig und Sahne aufkochen und die gehobelten Mandeln beifügen. Abgekühlt auf den Teig streichen und im vorgeheizten Backofen bei 180 °C 30 Minuten backen. Für die Fülle Eigelb mit Speisestärke und 5 Esslöffel Milch verrühren, restliche Milch mit ausgekratzter Vanilleschote, Vanillemark, Salz und Zucker aufkochen, die Eigelb-Stärke-Mischung einrühren und etwa 2 Minuten unter ständigem Rühren kochen, damit der Stärkegeschmack verschwindet. Masse passieren, die eingeweichte Gelatine ausdrücken und in die heiße Vanillemasse rühren. Erkalten lassen und die geschlagene Sahne unterheben. Den abgekühlten Kuchen in Portionsstücke schneiden, in der Mitte waagrecht durchschneiden, mit Vanillecrème füllen und etwa 3 Stunden kühl stellen.

Der Zucker und die Sünde

Die großen Prediger von Barock und Renaissance hatten so ihre Probleme mit dem Zucker. Sie orteten unter dem Zuckerguss vor allem Lüsternheit. Allen möglichen »verzuckerten Trachten, kristallenen Sülzen und schleckrigen Possen«, so kanzelte etwa der gestrenge Hofprediger Abraham a Sancta Clara im 17. Jahrhundert seine Schäflein ab, gingen diese durch die Übernahme der neumodischen Zuckerseuche auf den süßen Leim. Dass aus der damaligen »Mode« ein Dauerzustand werden sollte, der bis heute anhält, das ahnte der fromme Gottesmann freilich nicht.

Mohn- oder Nussstollen

Für 10 Portionen:
Hefeteig nach Rezept (s. S. 135)
1 Ei zum Bestreichen
Butter für das Backblech

Für die Mohnfülle:
1/8 l Milch
1 EL Honig
Schale von 1 unbehandelten Zitrone
1/2 Vanilleschote
60 g Puderzucker
150 g geriebener Mohn
100 g Paniermehl
1 EL Rum
1 Prise Salz
Rosinen nach Geschmack

Für die Nussfülle:
1/8 l Milch
2 EL Honig
Schale von 1 unbehandelten Zitrone
1/2 Vanilleschote
60 g Puderzucker
150 g geriebene Walnüsse
150 g Paniermehl
1 EL Rum
Rosinen nach Geschmack

Für die jeweilige Fülle Milch mit Honig, abgeriebener Zitronenschale, ausgekratztem Vanillemark und Zucker aufkochen. Vom Herd nehmen, noch heiß mit den übrigen Zutaten vermengen und etwas quellen lassen. Den vorbereiteten Hefeteig zu einem länglichen, etwa 1 cm dicken Streifen ausrollen. Mit der jeweiligen Fülle bestreichen, einrollen und mit der »Teignaht« nach unten auf ein gebuttertes Backblech oder in eine gebutterte Kuchenform legen. An einem warmen Ort um ein Drittel des Volumens aufgehen lassen. Das Ei verrühren und den Stollen damit bestreichen. Dann die Oberfläche mit einem Sägemesser in Abständen von 5 cm zart einschneiden und bei 190 °C rund 45 Minuten backen.

Marmorgugelhupf

Für 10 Portionen:
250 g Butter
125 g Puderzucker
1 TL Vanillezucker
1 Prise Salz
Schale von 1 unbehandelten Zitrone
6 Eigelb
6 Eiweiß
125 g Kristallzucker
250 g Mehl (Type 405)
2 TL Backpulver
Butter und Mehl für die Form
Puderzucker zum Bestreuen
3 EL Kakaopulver

Die zimmertemperierte Butter mit Puderzucker, Vanillezucker, Salz und abgeriebener Zitronenschale schaumig schlagen, nach und nach die Eigelbe unterrühren. Eiweiß mit Kristallzucker steif schlagen, Backpulver mit dem gesiebten Mehl vermengen und abwechselnd mit dem Schnee unter die Buttermasse heben. Eine Gugelhupfform mit Butter ausstreichen, mit Mehl bestäuben und etwa zwei Drittel der Masse in die Form einfüllen. Restlichen Teig mit dem Kakaopulver vermischen und mit einer Palette in kreisförmigen Bewegungen in die Form einrühren, wodurch die typische Marmorierung entsteht. Im vorgeheizten Backofen bei 180 °C 50 bis 60 Minuten backen.

Rote-Grütze-Torte

Für 1 Torte mit 24 cm Durchmesser:
250 g Mehl
125 g Butter
70 g Puderzucker
1 Ei
1 Prise Salz
Für die Grütze:
200 g Zucker
Saft von 2 Orangen
100 g Blaubeeren
100 g Erdbeeren
100 g Johannisbeeren
100 g Himbeeren
100 g Brombeeren
1 Blatt Gelatine
Für die Crème:
250 g Quark
100 g Puderzucker
Schale von 1 unbehandelten Zitrone

Aus Mehl, Butter, Puderzucker und Ei einen Mürbteig kneten, ungefähr 1 cm dick ausrollen, in einem Tortenring bei 220 °C etwa 15 Minuten backen und auskühlen lassen. In der Zwischenzeit für die Grütze Zucker karamellisieren, mit Orangensaft ablöschen und die vorbereiteten Beeren beifügen. Einmal aufkochen, die eingeweichte, ausgedrückte Gelatine zugeben und alles kalt stellen. Für die Crème Quark mit Puderzucker und geriebener Zitronenschale glatt rühren. Den gebackenen Tortenboden in der Springform mit Quarkmasse bestreichen. Bevor die Rote Grütze zu stocken beginnt, diese auf den Quark gießen und die Torte 2 Stunden im Kühlschrank kühlen.

Esterházy-Torte

Für 10 Portionen:
300 g Eiweiß
1 Prise Salz
300 g Zucker
1 Vanilleschote
300 g Mandeln
Butter für die Springform
1–2 EL Aprikosenkonfitüre
beliebige Garnitur für den Rand
Für die Buttercrème:
5 EL Milch
100 g Zucker
160 g Eigelb
6 Blatt Gelatine
440 g Butter
140 g Nougat
1 TL Kirschwasser
Für die Glasur:
200 g Fondant (im Fachhandel erhältlich)
1 TL Kakao

Für den Teig Eiweiß, Salz und Zucker zu steifem Schnee schlagen, ausgekratztes Vanillemark und geriebene Mandeln einrühren. Aus der Masse bei 180 °C im vorgeheizten Backofen in einer befetteten Springform hintereinander 8 dünne Böden jeweils etwa 8 Minuten backen. Für die Crème Milch, Zucker und Dotter über einem Wasserbad zur Rose abziehen. Eingeweichte Gelatine ausdrücken, beigeben und auskühlen lassen. Butter mit Nougat schaumig schlagen und mit der kalten Masse verrühren, mit Kirschwasser abschmecken. Crème auf 7 Böden aufstreichen und aufeinander setzen. Den letzten Boden mit passierter, heißer Aprikosenkonfitüre bestreichen. Für die Glasur den Fondant über dem Wasserbad lippenwarm auflösen. Ist die Masse zu dick, 2 bis 3 Esslöffel Läuterzucker beifügen, um sie flüssiger zu machen. Von dieser Masse etwa 3 Esslöffel mit Kakao verrühren und beides warm halten. Mit Konfitüre bestrichenen Tortendeckel mit weißem Fondant überziehen, dunklen Fondant rasch mit einer kleinen Papierspritztüte spiralförmig aufspritzen und mit einem Spießchen abwechselnd von außen nach innen und innen nach außen das für die Esterházy-Torte typische Muster ziehen. Rand beliebig verzieren.

Kokosnuss-makronen

Für ca. 30 Stück:
4 Eiweiß
1 Prise Salz
200 g Zucker
280 g Kokosraspel
Schale von 1 unbehandelten Zitrone

Eiweiß mit Salz in einer Schüssel sehr steif schlagen. Nach und nach den Zucker einrieseln lassen, dabei ständig weiter schlagen, damit die Masse fest wird. Kokosraspel und geriebene Zitronenschale zugeben. Mit einem Holzlöffel vorsichtig unterheben. Ein Backblech mit Backpapier auslegen, mit einem Teelöffel kleine Teighäufchen darauf setzen. Im vorgeheizten Backofen bei 150 °C 25 Minuten backen. Die Makronen müssen dabei eher trocknen als backen.
Mein Tipp: Die Kokosnussmakronen können auch auf kleinen runden Oblaten gebacken werden.

Zimtsterne

Für ca. 65 Stück:
500 g Mandeln
4 Eiweiß
1 Prise Salz
300 g Puderzucker
1 EL Zitronensaft
2 TL Zimtpulver
Butter zum Einfetten

Mandeln kurz blanchieren, mit kaltem Wasser abschrecken, in einem Küchentuch abreiben und mit den Schalen mahlen. Eiweiß mit Salz in einer Schüssel sehr steif schlagen. Unter Schlagen langsam den gesiebten Puderzucker und den Zitronensaft tropfenweise zugeben. Von dem Eischaum 4 Esslöffel beiseite stellen. 450 g Mandeln und Zimt vorsichtig mit dem Eischnee vermengen. Arbeitsfläche mit restlichen Mandeln bestreuen. Den Teig darauf in kleinen Portionen sehr vorsichtig 5 mm dick ausrollen und dabei darauf achten, dass er nicht reißt. Dann Sterne von etwa 6 cm Durchmesser ausstechen. Ein Backblech mit Backpapier auslegen, mit etwas Butter einfetten, Zimtsterne darauf legen und mit bereitgehaltenem Eiweißschaum bestreichen. Im vorgeheizten Backofen bei 150 °C etwa 20 Minuten eher trocknen als backen. In gut verschlossenen Behältern aufbewahren.

Heidesand

Für 20–30 Stück:
160 g Butter
250 g Mehl (Type 405)
120 g Puderzucker
1 TL Vanillezucker
1 Prise Salz
geriebene Schale von 1 unbehandelten Zitrone
1 Ei zum Bestreichen
Hagelzucker zum Wälzen
100 g Aprikosenmarmelade

Alle Zutaten zusammen kurz kneten, in 2 1/2 cm starke Stangen rollen und gut kühlen. Teigrollen mit dem verrührten Ei bestreichen und in Hagelzucker wälzen. In 5 mm dicke Scheiben schneiden. Mit etwas Abstand, da die Scheiben zerlaufen, auf ein Backblech legen. In der Mitte mit einem Kochlöffelstiel eine kleine Vertiefung anbringen, diese mit etwas Aprikosenmarmelade füllen und bei 180 °C 12 bis 15 Minuten backen.

Pflaumen-Trüffel

Für ca. 60 Stück:
150 g Vollmilch-kuvertüre
100 g Bitterkuvertüre
100 g Sahne
1 Eigelb
50 ml Zwetschgen-wasser
100 g eingelegte Backpflaumen
500 g geschmolzene Bitterkuvertüre

Kuvertüren klein schneiden, die Sahne aufkochen und über die Kuvertüren gießen, wobei sich die Schokolade auflöst. Mit einem Handmixer so lange aufschlagen, bis die Masse eine weißliche Färbung erhält und sich leicht spritzen lässt. Backpflaumen klein schneiden und mit allen anderen Zutaten nach und nach einrühren. Masse mit einem Spritzsack in Form von haselnussgroßen Tupfern auf ein kleines Backblech spritzen und tiefkühlen. Dann mit nassen Händen die Tupfer zu Kugeln formen, auf ein Gitter setzen und mit geschmolzener Kuvertüre überziehen. Wenn die Kuvertüre anfängt zu stocken, Kugeln über das Gitter rollen, so dass kleine Zipfel entstehen. Auf diese Weise bekommen die Pralinen den klassischen Überzug.

Linzer Sterne

Für 20–30 Stück:
220 g Butter
1 TL Vanillezucker
1 Prise Salz
Schale von 1 unbehandelten Zitrone
80 g Puderzucker
1 Ei
300 g Mehl (Type 405)
100–150 g Preiselbeermarmelade
Puderzucker zum Bestreuen

Die Butter mit Vanillezucker, Salz, geriebener Zitronenschale und Puderzucker schaumig schlagen, das Ei in einer Schüssel verrühren und unter die Buttermasse mengen, das Mehl unterheben. Die Masse in einen Spritzsack mit Sterntülle füllen und auf ein mit Backpapier belegtes Blech Sterne spritzen. Im vorgeheizten Backofen bei 160 °C etwa 10 Minuten hell backen. Die Linzer Sterne dürfen keine Farbe bekommen, sonst werden sie trocken. Jeweils einen Stern mit passierter Konfitüre bestreichen und einen weiteren Stern darauf setzen. Fertiges Gebäck mit Puderzucker bestreuen und servieren.

Mein Tipp: Diese Kekse lassen sich übrigens problemlos auf Vorrat herstellen, da man sie gut in einer luftdichten Dose aufbewahren kann.

Kokospralinen

Für ca. 60 Stück:
500 g Sahne
250 g Kokosraspel
250 g Zucker
100 ml Batida de Coco
500 g Vollmilch-kuvertüre
eventuell Kokosraspel zum Bestreuen

Die Sahne aufkochen. Alle Zutaten dazugeben und etwa 2 Minuten durchkochen. In eine Schüssel umfüllen und 2 Tage kalt stellen, damit sich die Raspel vollsaugen können. Auf ein mit Folie ausgelegtes Blech streichen und einfrieren. Im gefrorenen Zustand rasch zu etwa 1 cm großen Würfeln schneiden, dabei aber nicht auftauen lassen. Gefrorene Kokoswürfel mit der geschmolzenen Kuvertüre überziehen. Gegebenenfalls können die Pralinen noch mit einigen Kokosraspeln bestreut werden.

Zwiebel-brötchen

Für ca. 15 Stück:
75 g Speck
4 Schalotten
2 EL kaltgepresstes Olivenöl
2 kleine, mehlig kochende Kartoffeln
Salz
10 g Hefe
1 TL Zucker
60 g Roggenmehl
250 g Weizenmehl (Type 405)
eventuell Thymian und Kümmel

Speck und geschälte Schalotten in feine Würfel schneiden, in Olivenöl leicht anbraten, bis sie braun sind, auskühlen lassen. Kartoffeln in Salzwasser gar kochen, im Backofen ausdämpfen lassen, schälen und durch die Kartoffelpresse drücken. Die Hefe mit Zucker in etwas lauwarmem Wasser auflösen und aufgehen lassen. Lauwarmen Speck und lauwarme Kartoffeln mit den restlichen Zutaten vermengen und zu einem Teig verkneten. Dabei nach Belieben mit Thymian und Kümmel würzen. Teig mit einem feuchten Tuch abdecken und aufgehen lassen, zu Brötchen formen und abermals unter einem feuchten Tuch zum doppelten Volumen aufgehen lassen. Backofen auf 180 °C vorheizen und die Brötchen etwa 20 Minuten backen.

Käsestangen

Für 15–20 Stück:
Blätterteig nach Rezept (s. S. 133)
Mehl für die Arbeitsfläche
1 Eigelb zum Bestreichen
150 g geriebener Parmesan, Gouda oder beliebiger Käse
1 Prise Paprikapulver, edelsüß
1 Prise Meersalz

Den Blätterteig auf einer bemehlten Arbeitsplatte dünn ausrollen. Mit Eigelb bestreichen, mit Käse bestreuen und je nach Geschmack mit etwas Paprikapulver und Meersalz würzen. Mit einem Teigrad Streifen von ungefähr 10 cm Länge und 2 cm Breite schneiden. In kleinen Abständen auf ein mit Backpapier ausgelegtes Backblech legen und bei 200 °C etwa 10 Minuten goldgelb backen.
Mein Tipp: Als feiner Belag eignen sich auch Mohn, Kümmel, Sesam oder gehackte Pistazien. Man kann die Blätterteigstangen vor dem Backen auch zu Spiralen drehen.

Schinken-hörnchen

Für 15–20 Stück:
400 g Blätterteig (s. S. 133)
100 g Champignons oder andere Pilze der Saison
2 Schalotten
100 g Schinken
3 EL Butter
Salz und weißer Pfeffer aus der Mühle
2 EL gehackte Petersilie
2 Eigelb zum Bestreichen

Den Blätterteig dünn ausrollen und etwa 10 Minuten ruhen lassen. Die Pilze putzen oder waschen und in feine Würfel schneiden. Schalotten hacken, Schinken fein schneiden. Butter in einer Pfanne erhitzen und Schalotten, Schinken und Pilze darin anschwitzen. Mit Salz und Pfeffer würzen. Petersilie einmengen und die Masse auf einem Sieb etwas abtropfen lassen. Den Blätterteig in Dreiecke von 8 cm Seitenlänge schneiden, die Enden jeweils mit Eigelb bestreichen, etwas Füllmasse darauf setzen, einrollen und zu Hörnchen formen. Abermals mit Eigelb bestreichen und im vorgeheizten Backofen bei 200 °C etwa 10 Minuten goldgelb backen.

Register

V

W

Z

Glossar

Blanchieren: Kurzes Kochen von Gemüsen oder Fleisch.

Brunoise: Würfel von Wurzelgemüse.

Concassée: Angeschwitzte Würfel von Tomaten.

Dressieren: Geflügel oder Fleischstücke zum Braten oder Dünsten binden, damit sie in Form bleiben. Auch: Aufbringen von Füllungen mithilfe eines Dressiersacks oder einer Spritze.

Julienne: Feine Streifen von Kräutern, Fleisch, oder Gemüsen.

Mirepoix: Bunt gemischte, in Butter geröstete Würfel von Wurzelgemüse und Zwiebeln.

Montieren: Aufschlagen von Saucen mit eiskalter Butter.

Parieren: Fleisch oder Fisch werden durch Wegschneiden überflüssiger Teile koch- bzw. bratfertig gemacht.

Pochieren: In Wasser am Siedepunkt gar kochen

Saitling: Naturdarm.

Sautieren: Fleisch- oder Fischwürfel kurz anbraten.

Zesten: Schalen von Zitrusfrüchten.

Zur Rose abziehen: Masse unter Rühren so lange bei einer Temperatur von nicht mehr als 78 °C erhitzen, bis sie beim Durchrühren ein Rosengebilde formt und so die Bindung anzeigt.